Le Savoir,
secteur zéro de l'économie

Serges Ikiemi

Le Savoir, secteur zéro de l'économie

L'Harmattan
Congo-Brazzaville

5-7, rue de l'Ecole-Polytechnique, 75005 Paris
http://www.editions-harmattan.fr
ISBN : 978-2-343-21032-2
EAN : 9782343210322

Je dédie ce livre à l'élite, aux intellectuels et à tous les patriotes des pays en voie de développement.
Puisse cette œuvre éveiller leurs consciences pour la révolution du système éducatif de développement et du travail, en vue du leadership par la volonté politique, la bonne gouvernance et le développement économique du tiers-monde, car l'industrie, c'est d'abord l'industrie du savoir : le secteur zéro ou le quatrième secteur de l'économie.
Que ce livre vous interpelle pour un débat engagé pour l'éveil des consciences !

Remerciements

J'exprime toute ma gratitude, pour leurs encadrements et leurs contributions, au Professeur Cherif Sidy KANE de l'Université Cheikh Anta DIOP de Dakar au Sénégal, au Professeur Hervé DIATA et au Professeur Mathias Marie Adrien NDINGA de l'Université Marien NGOUABI de Brazzaville au CONGO ; au Doyen Louis BAKABADIO, au Docteur Kinzouza KITSORO, au Docteur Aimé Dieudonné MIANZENZA, au Docteur Arsène ELONGO, à Messieurs Jackson Darius MACKIOZY BANSIMBA et Christ BANZOUZI SAKOUT.

Que mes collaboratrices, Mesdames BOUKINDA NGAMPIO Flogeraine Sisya et MOUTSARA-GAMBOU Gilda Rosemonde, trouvent ici l'expression de mes remerciements pour leur assistance.

À ma très chère et tendre épouse, Madame Claudia Noellie IKIEMI, pour son soutien multiforme.

À tous mes parents et à mes enfants, gardez toujours la tête haute pour la défense de notre nom IKIEMI.

SOMMAIRE

Avant-propos

Au cœur des grands défis majeurs de l'humanité du XXIe siècle, figure, sans nul doute, la problématique du développement économique des pays en voie de développement.
Enseignants-chercheurs, économistes, gouvernants, institutions internationales de développement, leaders politiques, demeurent préoccupés par la question du développement économique.

L'économiste écossais Colin Clark a défini trois secteurs économiques à savoir : les secteurs primaire, secondaire et tertiaire.

Pour ma part, je définis un quatrième secteur que j'appelle le secteur zéro : le SAVOIR, racine et sève nourrissante de l'économie.

Pour moi, le tout premier POUVOIR que doit rechercher un Homme ou un pays qui aspire à de grandes ambitions est le SAVOIR, racine et sève nourrissante du développement économique. Tout se résume en l'Homme, en son intelligence, en sa qualité de détenir le savoir et la connaissance pour tirer le pays vers le haut.

Pour développer un pays, il faut commencer par consacrer des investissements colossaux dans le domaine de l'éducation, la formation et la transmission des TIC (technologies de l'information et de la communication). Le SAVOIR est donc la base, la fondation et le ciment du développement économique d'un pays. L'élite, l'intelligentsia, les leaders sont interpellés au plus haut niveau pour relever le challenge du développement économique. Les gouvernants doivent tenir compte du point de vue des intellectuels dans l'élaboration et l'exécution des projets du développement économique de leur pays. La bonne gouvernance, la volonté politique, la vision des leaders sont de véritables leviers du développement économique. C'est une question d'éveil des consciences et celle du développement mental des populations, sans quoi le développement reste une marche à tâtons ; c'est du coq-à-l'âne économique sans cohérence, ni suivi des plans de développement économique. On commence un plan de développement économique, on tâtonne, on n'achève pas les projets avec des résultats escomptés ; on change le nom du plan du développement économique ou du projet de société, le contenu et les résultats restent quasiment les mêmes, dans un cercle vicieux. On change juste d'emballage, mais le contenu reste le même, baignant dans une démagogie politique et économique.

La Chine, actuellement deuxième puissance économique après les États-Unis, a déjà relevé le défi du développement grâce à la formation de l'homme. L'homme intelligent, travailleur, patriote et de bonne gouvernance conserve sa ligne idéologique et politique. La Chine a réussi grâce à la prise de conscience du développement mental et à la volonté politique de leurs leaders (Mao Tsé Tong, Xi Jin Ping).

Les pays en voie de développement regorgent d'énormes ressources naturelles, territoriales et démographiques, mais leurs populations vivent dans une extrême pauvreté.

Statistiques démographiques et territoriales				
N°	**Nom du territoire**	**Superficie**	**Population**	**Observations**
01	Afrique	30.415.873 km²	2.100.000.000	
02	Chine	9.596.960 km²	1.399.352.594	
03	États-Unis	9.372.610 km²	328.103.285	
04	Europe	10.392.855 km²	512.600.000	
05	Japon	377.915 km²	127.133.492	

* Composé de 54 États soit plus d'un quart de pays dans le monde, l'Afrique est un continent qui couvre 6% de la surface terrestre et 20% de la surface des terres émergées. Sa superficie occupe la troisième place mondiale, si l'on compte l'Amérique comme un seul continent. L'Afrique est le 2e continent le plus peuplé après l'Asie et représente 16% de la population mondiale en 2016 (cf. : wikipedia.org).
* À la date du 5 décembre 2008 et selon le World Factbook de la CIA, la Chine dispose au total d'une superficie de 9.596.960 km² dont 270.550 km² d'eau.
* L'Europe compte 56 États dont 28 sont dans l'U.E.

- **Notre analyse**

En 1960, lors de l'accession de ses pays à l'indépendance, l'Afrique comptait une population de 250 millions d'habitants. En 2011, sa population est passée à 1.200.000.000 d'habitants, dépassant la population des deux continents, l'Europe et l'Amérique réunis, et en 2018, sa population est de 2.100.000.000 d'habitants.

Cependant, la plus grave entrave du développement de l'Afrique reste la qualité intellectuelle de sa population en termes de savoir et de connaissance. En Afrique, les 2/3 de la population sont illettrés.

- **Nos suggestions**

Pour relever le défi du développement économique, il faut que la pyramide soit inversée de 50% à 90% de lettrés. On ne doit pas privatiser le savoir et la connaissance. Ceux-ci doivent être la chose la mieux partagée au monde. L'État, la poule mère, est incapable de fournir de l'eau potable à sa population, pendant qu'elle habite au bord des fleuves et des rivières qui coulent naturellement toute l'année.

Le Congo doit consacrer un budget pour l'éducation équivalent ou supérieur à celui de l'armement pour développer le quatrième secteur de l'économie ou le secteur zéro, base de tout développement économique.

Le Congo, comme bon nombre de pays en voie de développement, nécessite une révolution du système éducatif légué par le colonisateur (des commis, des enseignants, des catéchistes, des militaires, des hommes politiques) pour servir les intérêts du colonisateur, afin de l'arrimer au système éducatif propice aux besoins de l'adéquation formation-emploi pour le développement économique de nos pays. Notre pays a besoin des formateurs, des agriculteurs, des industriels, des ingénieurs, des entrepreneurs, des techniciens praticiens, des commerçants…

Pour ouvrir le débat et pour éveiller les consciences, nous venons, dans cet ouvrage, poser la bonne question de comment développer l'économie du Congo, il s'agit de donner la bonne réponse selon notre conviction : par l'éducation, le savoir-racine et sève nourrissante du développement économique.

Pour l'ouverture de ce chantier, nous formulons dix propositions concrètes pour le développement du Congo. Ceci constitue notre modeste contribution pour l'ouverture du débat.

Introduction

La lutte contre la pauvreté et le sous-développement économique restent, de nos jours, des goulots d'étranglement et demeurent des défis majeurs à relever par les économistes, les gouvernants et par les institutions internationales de développement.

L'économiste écossais, Colin Clark, a eu l'idée de définir trois secteurs économiques principaux, selon la nature de l'industrie à savoir: les secteurs primaire, secondaire et tertiaire. Je définis le quatrième secteur de l'économie que je dénomme « **LE SECTEUR ZÉRO DE L'ÉCONOMIE** » : le SAVOIR comme base du développement économique.

LE SAVOIR et le transfert des TIC (Technologies de l'information et de la communication) constituent la racine et la sève nourrissante de l'économie, car *l'industrie du développement c'est prioritairement l'industrie du savoir.*

Il n'y a de développement économique que dans les conditions d'une meilleure disposition du logiciel mental de l'Homme au travail.

Pour développer un pays, il faut mettre un accent sur l'élévation du niveau intellectuel de la population. En effet, le développement économique passe par l'éducation et par la formation de l'Homme arrimées à la vision d'un leader qui s'appuie sur la bonne gouvernance.
Pour une Révolution de nos systèmes éducatifs légués par le colonisateur, voués à former des valets locaux (des commis de bureau, des enseignants, des catéchistes, des

militaires, des hommes politiques…) pour servir les intérêts du colonisateur.
Les pays en voie de développement doivent inventer un nouveau système éducatif. Celui-ci devrait tenir compte des besoins en formation et en T.I.C. (Technologies de l'information et de la communication) pour une adéquation entre formation, emploi et besoins du développement économique (former des formateurs, des agriculteurs, des industriels, des ingénieurs, des entrepreneurs, des techniciens praticiens, des commerçants…).

Pour défendre cette thèse, j'évoque l'exemple du Japon et du Congo.

S'il était donné la possibilité de permuter les populations du Congolais et du Japon, le Congo connaîtrait un essor, une croissance, une émergence, voire un développement en un temps record. À l'opposé, avec les Congolais au Japon, l'économie du Japon subirait un écroulement économique spectaculaire pendant la même période : c'est l'illustration du développement mental des Japonais et du sous-développement mental des Congolais.

Ce constat nous amène à présenter deux observations sur la définition des trois secteurs de l'économie par Colin Clark ci-après:

- L'adaptabilité de la classification pour les pays développés affichant le taux de scolarisation et le niveau d'instruction très élevés. Ainsi, le savoir et la compétence avaient servi de levier des économies des pays développés, puisqu'ils affectent les budgets colossaux pour l'éducation, le savoir et la formation.
- L'inadaptabilité de la classification dans les pays sous-développés à cause du faible taux de scolarisation, du ni-

veau élevé d'illettrisme, de la démographie et d'autres freins du développement (la mentalité, l'éthique, la morale, le manque de volonté politique, la mal gouvernance, la corruption et le manque de culte du travail…).

Fort de ces deux constats, le quatrième secteur de l'économie, le secteur zéro de l'économie, le savoir, reste la racine et la sève nourrissante de celle-ci. La fondation, la base de tout développement économique, reste l'éducation, le savoir, la formation qualifiante et les transferts des T.I.C (technologies de l'information et de la communication).

Les États doivent consacrer des budgets colossaux au titre de l'enseignement, investir dans l'éducation pour combattre « la pauvreté intellectuelle » pour développer « la richesse intellectuelle ».

De nos jours, on connaît les grands chercheurs et les auteurs des grandes idées, mais on ne connaît pas les riches de leur temps. Nicolas Machiavel, Aristote, Platon, Keynes, Karl Marx …restent immortels par leurs idées, mais on ne connaît plus les bourgeois de leur époque : les idées gouvernent le monde ! Celui qui a de grandes idées incarne le pouvoir, il est puissant.
Pour nous, l'intelligence, l'éducation, la formation, les grandes idées participent au« capital du bon sens ». Ce dernier est la chose du monde la mieux partagée. Voilà pourquoi, nous avons créé le Cercle de réflexion (le Think Tank) **Le Café du Savoir** que nous appelons affectueusement « *Le rendez-vous du bon sens et de la connaissance* ». Notre constat est de montrer : si, hier, la colonisation était l'action ou l'œuvre du colonisateur sur le colonisé, la colonisation de demain est intellectuelle. Par conséquent, nous disons : apprenons, débattons, échangeons,

partageons pour notre plus grand profit et plaisir. C'est là toute la philosophie et la raison d'être du Café du Savoir.
En s'appuyant sur la théorie des avantages comparatifs, nous plaidons pour la politique « d'industrialisation rapide du Congo selon les avantages comparatifs : le maillage du Congo en industrie en fonction des matières premières que regorge chaque localité ou département.»

Dans ce livre, « fruit du silence d'un an…), nous posons les jalons du débat pour l'éveil des consciences des populations des pays en voie de développement, des dirigeants politiques, de l'élite, de l'intelligentsia panafricain et des intellectuels des pays sous-développés pour relever le défi du développement.
Que le débat soit fécond et constructif !

PARTIE I :

LIEN ENTRE SAVOIRS ET DÉVELOPPEMENT ÉCONOMIQUE

De la théorie sur les savoirs économiques au débat

Chapitre I :
Les théories des savoirs dans la littérature économique

Section 1 : Les auteurs

1. Adam SMITH et David RICARDO

Économie classique et école classique

Marx invente l'expression "économie politique classique" pour désigner ceux qui ont contribué à mettre en évidence la "connexion interne" des formes de la richesse et à en rechercher les lois fondamentales: d'une part, en Angleterre, de W. Petty à Ricardo, d'autre part, en France, de Boisguilbert à Sismondi (voir *La Contribution à la critique de l'économie politique*, 1859 et *Le capital* - Livre 1, 1867). Selon Marx, Malthus et J. S. Mill marquent la transition de "l'économie classique" vers "l'économie vulgaire", tandis que J.-B. Say et R. Mc Culloch représentent une première phase de l'"économie vulgaire", qui raisonne dans un monde d'apparences et tombe dans l'apologie du mode de production capitaliste.

Plus tard, dans *la Théorie générale de l'emploi, de l'intérêt de la monnaie*, J. M. Keynes propose sa propre définition de "l'école classique": non pas celle de ses prédécesseurs, mais celle des successeurs de Ricardo, à savoir J. S. Mill, A. Marshall, F. Y. Edgeworth et A. C. Pigou, dont le point commun serait l'acceptation de la loi des débouchés de J.-B. Say.

Dans *Histoire de l'analyse économique* (1954), Schumpeter s'intéresse aux "situations classiques", qui désignent des moments particuliers de consolidation et de synthèse des progrès réalisés par l'analyse économique. Selon lui,

"l'âge classique" couvre les années 1790 jusqu'à la fin des années 1860 (du premier Essai de Malthus aux Principes d'économie politique de J. S. Mill). *La Richesse des nations* (1776), ouvrage phare de la "Première situation classique", fondatrice de la science économique, se trouve placé curieusement en amont de la période, tandis que *Les Principes d'économie politique* de J. S. Mill serait l'ouvrage caractéristique de la "Seconde situation classique", la troisième représentée par *Principles of Economics* de Marshall, ouvrage paru en 1890.
La délimitation la plus courante de "l'école classique" privilégie la lignée d'auteurs dont les contributions théoriques s'échelonnent entre *La Richesse des nations* (1re édit., 1776) de Smith et *Les Principes d'économie politique* (1re édit., 1848, 7e édit. 1871) de J. S. Mill. Entre ces deux ouvrages, paraissent ceux de Malthus (les deux versions de *Essai sur le principe de la population*, 1798 et 1803 ainsi que *Les Principes d'économie politique*, 1820), de Ricardo (*Principes de l'économie politique et de l'impôt*, 1re édit. 1817, 3e édit., 1821) et de J.-B. Say (*Traité d'économie politique*, 1re édit., 1803, 5e édit., 1826). La plupart des ouvrages marquants font ainsi l'objet de plusieurs éditions successives, ce qui révèle des pensées très évolutives, marquées par les grandes controverses du temps.
Au plan historique, la période classique s'étend de 1776 à 1870 environ, c'est-à-dire jusqu'à la "Révolution marginaliste".

Adam Smith, le fondateur

Adam Smith (1723-1790) a souvent été considéré comme le véritable "père de l'économie politique", car *La Richesse des nations* représente le socle commun à partir duquel les auteurs classiques forgent leurs propres conceptions.

Adam Smith est le fils d'un contrôleur des douanes d'Écosse. De 1737 à 1740, il étudie à l'Université de Glasgow, où il suit les cours de philosophie morale de Francis Hutcheson (1694-1746), lui-même élève de Gershom Carmichael, et auteur notamment de *A System of Moral Philosophy, in Three Books* (2 vols, London, 1755). Grâce à une bourse, de 1740 à 1746, Adam Smith étudie au Balliol College d'Oxford, mais l'expérience lui paraît plutôt décevante. De 1748 à 1751, il exerce les fonctions de professeur de rhétorique et belles-lettres à l'Université d'Édimbourg. Il se lie avec le philosophe écossais David Hume. En 1751, il obtient une chaire de philosophie logique à l'Université de Glasgow. L'année suivante, il obtient la chaire de philosophie morale qu'occupait F. Hutcheson, de 1729 à 1746, et il enseignera jusqu'en 1764. Durant cette période, il publie *Théorie des sentiments moraux* (1759). Les cours de Smith à l'Université de Glasgow, *les Lectures on Jurisprudence*, sont connues grâce aux notes prises par deux étudiants. Aux alentours de 1763, il rédige aussi *Early Draft* (Premier brouillon) d'une partie de *La Richesse des nations*. Adam Smith devient ensuite précepteur du jeune duc de Buccleugh, à partir de février 1764 et en principe jusqu'en 1767, année de sa majorité. En effet, tout jeune noble, parvenu à l'âge de dix-huit ans, devait accomplir un "grand tour" d'Europe durant deux ans pour parfaire son éducation. À Paris, Adam Smith fréquente le salon de la duchesse d'Enville, confidente de Turgot. Grâce à cette duchesse, il entre en rapport avec les Physiocrates et il prend connaissance des articles de l'Encyclopédie (Épingle, Fermier, Grain, Foire...). Il fréquente aussi le salon de Melle de L'Espinasse, où il va rencontrer D'Alembert, Diderot, D'Holbach, l'Abbé Morellet et Turgot. Mais, en novembre 1766, le jeune duc doit rentrer à Londres plus tôt que prévu. Le "grand tour" rapporte cependant à Adam Smith une pension à vie de £ 300

par an, qui lui permet d'écrire tranquillement à Kirkaldy son œuvre majeure, *An Inquiryinto the Nature and the Causes of the Wealth of Nations*. En 1778, Adam Smith décide d'accepter la charge de commissaire aux douanes à Glasgow.
Adam Smith fait paraître de son vivant six éditions de la *Théorie des sentiments moraux* et cinq éditions de *La Richesse des nations* (1776, 1778, 1784, 1786 et 1789), qui sera traduite en plusieurs langues étrangères. Les disciples de Smith sont évidemment très nombreux. Parmi les plus célèbres, on mentionnera Jean-Baptiste Say, Thomas Robert Malthus, David Ricardo et J. C. L. Simonde de Sismondi (De la richesse commerciale, 1803).

La définition de l'économie politique dans *La Richesse des nations* :
"L'Économie politique, considérée comme une branche des connaissances du législateur et de l'homme d'État, se propose deux objets distincts: le premier, de procurer au peuple un revenu ou une subsistance abondante, ou, pour mieux dire, de le mettre en état de se procurer lui-même ce revenu ou cette subsistance abondante; - le second, de fournir à l'État ou à la communauté un revenu suffisant pour le service public; elle se propose d'enrichir à la fois le peuple et le souverain" (traduction de Germain Garnier, revue par Adolphe Blanqui, tome 2, p. 11). Dans son *History of Economic Analysis*, Joseph Schumpeter affirme: "Mais, bien que *La Richesse des nations* ne contienne aucune idée véritablement nouvelle et bien qu'elle ne puisse rivaliser avec les Principia de Newton ou l'Origine de Darwin, c'est tout de même une grande œuvre et qui mérite pleinement son succès" (1983, tome 1, p. 263).

David Ricardo

David Ricardo (1772-1823) est le fils d'un riche courtier en valeurs mobilières. Dès l'âge de 14 ans, son père le fait travailler auprès de lui à la Bourse de Londres. Bien qu'il ait eu quelques précepteurs, Ricardo n'a pas fait d'études poussées. Il s'intéresse en particulier à la géologie, à la chimie, à la minéralogie. À la suite de son mariage avec une Quaker en 1793, il se brouille avec son père. Ainsi, à 22 ans, il devient courtier en valeurs mobilières et se spécialisera dans le commerce d'emprunts d'État ; "jobber", il est habilité à spéculer à la fois pour le compte de ses clients et pour son propre compte. À 43 ans (1815), il prend sa retraite, après avoir investi sa fortune en propriété foncière. En 1819, il entre à la Chambre des communes, dans l'opposition libérale et il y défend les intérêts des industriels et des financiers.

En 1799, il entreprend pour la première fois la lecture de *La Richesse des nations*. Mais ce n'est qu'une dizaine d'années plus tard, qu'il fait paraître ses premiers articles dans le Morning Chronicle et ses premières brochures sur la question monétaire. L'occasion est fournie par la "Bullion Controversy", relative aux conséquences de la suppression par la Banque d'Angleterre de la convertibilité des billets en or et en argent et l'instauration du cours forcé, entre 1797 et 1809. Ricardo fait la connaissance de James Mill et de Thomas Robert Malthus, qui l'encouragent à écrire. En 1814, il fait la connaissance de Jean-Baptiste Say.

En 1815, David Ricardo fait paraître *L'Essai sur l'influence d'un bas prix du blé sur les profits, ou Essai sur les profits*, dans lequel il expose une théorie de la rente foncière différentielle. En 1817, paraît la première édition de *Principes de l'économie politique et de l'impôt* ; la 2e édition paraît en 1819, suivie d'une 3e édition en 1821, qui comporte des modifications importantes, dont l'ajout du

chapitre XXXI sur la question des machines. En 1823, à la veille de sa mort brutale, Ricardo travaille sur un manuscrit, "Valeur absolue et valeur d'échange", qui sera retrouvé en Irlande, en 1943 par Piero Sraffa.
David Ricardo impose son empreinte personnelle à l'école classique et ses disciples sont nombreux. John Maynard Keynes (chap. 3 de la Théorie générale), affirme même: "Ricardo conquered England as completely as the Holy Inquisition conquered Spain". Parmi les disciples de Ricardo, on compte James Mill (1773-1836), auteur de *Eléments d'économie politique* (1821), John Ramsay Mc Culloch (1789-1864), auteur de *Principes d'économie politique* (1825) et réalisateur de la première édition des écrits de Ricardo (1846) et John Stuart Mill (1806-1873), auteur de *Principes d'économie politique* (1re édit., 1848). De plus, dans les années 1820-30, les "socialistes ricardiens" utilisent la théorie ricardienne pour soutenir les intérêts de la classe ouvrière: il faut mentionner ici les noms de William Thompson (Enquête sur les principes de la distribution de la richesse, 1824) et de Thomas Hodgskin (Le travail défendu contre les prétentions du capital, 1825).

La définition de l'économie politique dans les *Principes d'économie politique*:
"Le produit de la terre, c'est-à-dire tout ce que l'on retire de sa surface par l'utilisation conjointe du travail, des machines et du capital, est réparti entre trois classes de la communauté: les propriétaires de la terre, les détenteurs du fonds ou capital nécessaire à son exploitation, et les travailleurs qui la cultivent. [...]. Déterminer les lois qui gouvernent cette répartition constitue le principal problème en Économie politique. Les écrits de Turgot, Steuart, Smith, Say, Sismondi et bien d'autres, sont autant d'apports à cette science, mais ils nous éclairent de façon peu satisfaisante sur l'évolution naturelle de la rente, des profits et des sa-

laires" (p. 45). Cependant, Ricardo rend hommage à deux économistes : T. R. Malthus pour sa théorie de la rente et Jean-Baptiste Say pour ses prolongements apportés à Smith, en particulier sur la question des débouchés.

Bibliographie

Smith (Adam) : Théorie des sentiments moraux, nouvelle traduction annotée par M. Biziou, C. Gautier et J.-F. Pradeau, Paris: P. U. F., 1999.

Smith (Adam) : An Inquiry into the Nature and Causes of the Wealth of Nations, edited by R. H. Campbell and A. S. Skinner, Oxford : Oxford U. Press, deux volumes, 1976 [The Glasgow Edition of the Works and Correspondence of Adam Smith, vol. 2].

Smith (Adam) : Recherches sur la nature et les causes de la richesse des nations, traduction de Germain Garnier, revue par Adolphe Blanqui, Garnier-Flammarion, deux tomes, 1991.

Smith (Adam) : Enquête sur la nature et les causes de la richesse des nations, traduction d'après la 1re édition avec variantes des éditions ultérieures par Paulette Taieb, Paris : P. U. F., quatre tomes, 1995.

Smith (Adam) : Recherches sur la nature et les causes de la richesse des nations, nouvelle traduction coordonnée par Philippe Jaudel, sous la responsabilité de Jean-Michel Servet, Paris: Economica, 3 tomes parus, 2000, 2002 et 2005.

Ricardo (David) : The Works and Correspondence, edited by Piero Sraffa, Cambridge : Cambridge U. Press, 1951-1973, 11 vol.

Ricardo (David) : Principes de l'économie politique et de l'impôt, édition de 1821, traduction de Cécile Soudan en collaboration, Paris : Garnier-Flammarion, 1992.

Ricardo (David) : "Valeur absolue et valeur d'échange", trad. de S. Denany et P. Maurisson, Cahiers d'économie politique, n° 2, 1975, P.U.F.
Ricardo (David): Essai sur les profits, trad. de F.-R. Mahieu, avec la coll. de M.-F. Jarret, Paris: Economica, 1988.
Jean-Pierre POTIER, Professeur de Sciences économiques à l'université Lumière-Lyon2 et chercheur au laboratoire Triangle - pôle Histoire de la Pensée (Centre Walras) pour SES-ENS.

2. Karl Marx : le portail de l'économie, des finances, de l'action et des comptes publics.

La **théorie de la valeur** est un concept marxiste d'analyse économique. Karl Marx reprend l'idée de la valeur-travail développée par Ricardo : la valeur d'un bien dépend de la quantité de travail direct et indirect nécessaire à sa fabrication. Mais, alors que Ricardo considère le travail comme une marchandise ordinaire[1], Marx juge impropre l'expression « valeur du travail », puisque le travail est à l'origine de toute valeur d'échange. Pour autant, Marx précise que « Le travail n'est pas la source de toute richesse. La nature est tout autant la source des valeurs d'usage (qui sont bien, tout de même, la richesse réelle !) que le travail, qui n'est lui-même que l'expression d'une force naturelle, la force de travail de l'homme. »
Pour Marx, les salaires ne représentent pas la valeur du travail mais la location de la force de travail du salarié (*Arbeitskraft*). Il propose d'expliquer l'origine du profit de la façon suivante : de la valeur nouvellement créée, le salaire du travailleur ne représente que la part nécessaire à sa propre survie, le reste constituant la plus-value qui est empochée par les capitalistes.

Bénéfice

Pour rendre la valeur travail compatible avec un taux de plus-value uniforme parmi les industries, Marx radicalise la division du capital introduite par Adam Smith. Il distingue la part nécessaire au paiement des salaires capital variable (de), du reste, le capital fixe : immobilier (terre, locaux), outils de production (machines), matières premières ou produits intermédiaires... Selon Marx, seul le travail permet une augmentation du capital, d'où le terme *variable*. Cette décomposition permet de poser les bases d'un concept de valeur-travail compatible un taux uniforme des profits (voir Le problème de transformation chez Marx (en))

industrie	**capital total**	**capital fixe**	**capital variable**	**taux de plus-value**	**plus-value**	**taux de profit**	**valeur totale**
	C + V	C	V	r	S = r V	p = S/(C+V)	C+V+S
X	1000	500	500	0.6	300	300 = 30 %	1300
y	1000	750	250	0.6	150	150 = 15 %	1150

Analyse marxiste de la valeur

Marx reprend la théorie classique de David Ricardo et Adam Smith. Il critique l'association de *valeur* avec la *rareté*. Sa théorie s'intéresse surtout à la notion de plus-value (marxisme).

Marx reprend la théorie classique de la valeur travail afin de montrer les contradictions dans les raisonnements de ces auteurs libéraux. En ce sens, il est parfois considéré comme le dernier des classiques, bien qu'il contredise la plupart des conclusions des auteurs de cette école.

La valeur

L'utilité d'un bien (sa « valeur d'usage ») n'est pas déterminante pour expliquer la valeur d'un bien. Pour Marx, la comparaison de deux biens en vue d'en échanger certaines quantités (une certaine quantité de farine contre une certaine quantité de fer par exemple) ne peut se faire que par l'intermédiaire d'une troisième variable, la valeur, faisant office d'étalon (cette variable permettra d'établir combien d'unités de fer, il faut pour valoir une unité de farine et inversement).

Aussi, Marx définit la valeur d'échange comme *la valeur* d'un bien. Sa valeur d'usage n'en est que le support. Les valeurs se manifestent à travers les échanges sur le marché, mais la mesure de ces valeurs, exprimée à travers leur prix, est déterminée par la quantité de travail moyen nécessaire à leur production.

Pour qu'il y ait un échange entre les biens, il faut que les utilités des objets soient différentes, et qu'il y ait un moyen de comparer les deux. Ce qu'il y a de commun entre deux objets, c'est le travail qu'il a fallu fournir pour leur production.

« *En tant que valeurs toutes les marchandises ne sont que du travail humain cristallisé.* »

Le travail abstrait

La grandeur de valeur d'une marchandise est définie par le temps de travail moyen socialement nécessaire à sa production. Ce travail est défini comme "travail abstrait".

Cela ne s'applique, selon Marx, qu'au travail fourni pour produire des marchandises susceptibles d'être échangées. Ainsi, le travail domestique (cuisiner, nettoyer, peindre un tableau pour décorer son intérieur) a une utilité, mais ne

produit pas de marchandises susceptibles d'être échangées et est donc sans valeur. De même, des marchandises produites impossibles à échanger n'ont pas non plus de valeur (par exemple les biens collectifs).
Ce qui fonde la valeur selon Marx, c'est la quantité de travail incorporée à la marchandise. Afin de supprimer les individualités, il attribue la valeur aux heures de travail socialement nécessaires dans la société (c'est-à-dire le temps moyen). La valeur de la marchandise est proportionnelle au temps de travail humain.
Le travail concret produit la valeur d'usage, mais, le travail abstrait produit la valeur d'échange.

Le capital

Un équipement, que Marx appelle le capital, transmet indirectement de la valeur aux marchandises. Quand une machine est utilisée pour fabriquer un objet, la valeur transmise doit prendre en considération le temps de travail humain, nécessaire pour fabriquer la machine, qu'on répartira ensuite sur le nombre total d'objets qu'est capable de fabriquer la machine avant d'être détruite. Lorsque les machines sont performantes, ou lorsqu'elles sont faciles à construire, la valeur des objets baisse, car elles transmettent moins de travail humain à chaque objet. C'est effectivement le cas pour les métiers fortement automatisés aujourd'hui.
Le prix de l'objet est la mesure de la valeur. Ce prix peut varier (à la différence de la valeur intrinsèque définie précédemment), selon la monnaie et le marché, c'est-à-dire l'offre et la demande totale en marchandises. Le prix oscille autour de la valeur moyenne de l'objet.
Les échanges (les ventes de marchandises) permettent de faire circuler le capital. Le produit de la vente permet de racheter les matières premières, qui permettent de produire encore des marchandises. Comme l'échange se fait à une

valeur plus élevée que son coût réel, chaque cycle permet d'augmenter le capital total. Plus il y a d'échanges, plus le capital augmente.
La Valeur d'échange est la somme du Capital constant, du capital variable et de la plus-value.
Le Capital constant est le travail mort (travail indirect chez Ricardo) c'est-à-dire le capital ne s'animant que par l'intermédiaire de la force de travail, le capital variable est le travail vivant (travail direct chez Ricardo) c'est-à-dire les salaires. Chez Marx, la plus-value est obtenue uniquement par l'exploitation du travail de l'homme (et non du capital, puisque seul l'homme est exploitable).

Vision des auteurs
Karl Marx, dans *le Capital*, reprend et critique, en profondeur, la théorie ricardienne de la valeur et en déduit les caractères propres du capitalisme :

- Partant d'Aristote, et du fait que la production marchande repose sur la division du travail, Marx montre, dans *Le Capital*, qu'une marchandise est d'abord objet d'utilité, non pour celui qui la produit, mais pour celui qui la désire. Ceci posé, la valeur du travail ou, *plus exactement*, la quantité de travail socialement nécessaire à la production d'une marchandise devient l'étalon de comparaison des valeurs des marchandises entre elles, aucun producteur n'acceptant de se séparer de sa production s'il n'est pas convaincu qu'il verra son travail rétribué à sa "juste valeur", autrement dit, s'il n'a pas le sentiment que son effort est rétribué en fonction du temps et de la peine qu'il lui aura coûté. Un travail qui ne permet pas de subvenir à ses besoins réels, un travail pour lequel on dépense plus d'énergie et de richesse qu'on en (re)constitue, n'est ainsi qu'un travail socialement inutile.

- Les travailleurs cèdent leur force de travail pour un temps déterminé, leur salaire correspond alors au "minimum vital" permettant de reconstituer leur force de travail (nourriture, vêtements, logement, mais aussi repos, éducation, culture, ce minimum étant un produit des conditions historiques, sociales et culturelles, plus que le minimum nécessaire pour survivre). Ainsi, dans le modèle capitaliste, la force de travail est masquée par une fiction qui en fait une marchandise. Le résultat de cet usage de la force de travail est le « surtravail ». En effet, la quantité de travail nécessaire à la reproduction de la force de travail (c'est-à-dire le labeur nécessaire à la création des biens de subsistance, de formation, etc.) est inférieure au labeur imposé par les capitalistes aux travailleurs. La différence entre le travail accompli et le travail rémunéré constitue la « plus-value » (origine du profit), résultante de l'exploitation du travailleur par le détenteur du capital, du prolétaire par le bourgeois.
- Si seul le travail est source de la valeur, alors, le système capitaliste est condamné. En effet, plus l'histoire économique avance, plus s'accroît le volume du capital au détriment du volume de travail (substitution capital/travail). Cette augmentation de l'intensité capitalistique de la composition organique du capital conduit à la « baisse tendancielle du taux de profit », étant donné que le capitaliste n'est capable d'exploiter que le travailleur (avec la plus-value), et nullement la machine.

Les marxistes apportent les nuances suivantes :

- L'utilisation de machines, dans la production, ne change pas l'analyse objective de la valeur, puisqu'une machine ne produit pas de valeur, mais il transmet simplement la sienne aux biens qu'elle produit. La valeur dégagée par une machine est égale à l'usure de celle-ci, car une machine n'est que du travail accumulé (Marx).

- La valeur d'un bien est affectée par l'expression d'un certain type de rapport social de production, déterminé par l'état des forces productives.
- La valeur est aussi une propriété émergente du fétichisme de la marchandise. Cela montre que les hommes s'en remettent à la circulation des choses dans le cadre concurrentiel de l'équivalence généralisée pour établir des liens productifs entre eux. Elle n'aurait donc de sens que dans le cadre d'une économie de marché.

La valeur est l'expression d'un rapport social de production qui se décompose en trois aspects :

- Sa forme (l'échangeabilité induit la coordination des producteurs de marchandises sans organisation préalable),
- Sa substance (le travail abstrait représente le travail socialement nécessaire pour produire la marchandise)
- Et sa grandeur (la quantité de travail abstrait déterminé par l'état des forces productives).

3. John Mainard KEYNES : Apocatime

Notre système social issu du Conseil national de la résistance est attaqué par les néolibéraux. Ces derniers souhaitent la disparition entière de l'État. Dans cette perspective, il convient de réviser nos acquis. C'est pourquoi nous vous proposons le résumé relatif à l'une des théories économiques les plus célèbres. Celle-ci doit conduire à la création d'un État fort pour contenir un capitalisme probablement fou. En un mot, il s'agit du : keynésianisme. Cette doctrine vient du nom Keynes (John Maynard), l'économiste britannique. Comme le rappelle Wikipedia, il s'agit de l'inventeur de la macro-économie. D'une manière si simple, on peut résumer l'essentiel de sa théorie en une phrase : seul l'État est capable de réguler les marchés. Il doit notamment être à l'origine de la création monétaire (ce qui, au demeurant, n'est plus le cas depuis 1973 à cause de la loi Pompidou-Giscard...!). Keynes s'est aussi distingué par la rédaction d'un livre titré "Le capitalisme sous antidépresseurs".C'est une prophétie de l'état dans lequel il se trouve actuellement. En effet, le vingtième siècle a vu trois évènements majeurs qui auraient dû conduire logiquement à la "destruction" du capitalisme (la révolution russe, la crise de 1929 et l'avènement nazi), ce dernier s'est toujours maintenu grâce à des politiques dynamiques qui ont su l'infléchir vers la consommation populaire. Malheureusement, il semble bien qu'aujourd'hui les politiques aient décidé de faire le contraire... *"Ce documentaire s'attache à faire comprendre l'essentiel des positions de Keynes, dans ce qu'elles ont de daté mais aussi d'actuel, en partant du cadre dans lequel il a vécu, pensé et agi, enfin de retrouver les orientations de base et les complexités derrière le simplisme qui lui est souvent reproché"*... Pour notre part, nous pensons que le système de Keynes ne peut pas fonctionner dans un contexte de mondialisation, de délocalisation, de flux de capitaux libres et de monnaie supranationale. De quelque manière que l'on s'attaque au problème, on en revient toujours aux fondamentaux de l'État-Nation. C'est à lui de réguler la finance afin de servir l'intérêt général. Or c'est justement le contraire qui se pratique depuis trente ans... Vite le changement...

4. Samuelson (Théorie sur le profit)

Paul Samuelson

Auteur extrêmement prolifique, Paul Anthony Samuelson fut l'un des plus grands économistes du XXe siècle. Son

œuvre, couronnée en 1970 par le prix Nobel, aborde l'ensemble des domaines de l'économie, de la théorie néo-classique au commerce international qu'il révolutionne avec le modèle HOS.
Né en 1915 aux États-Unis, Samuelson est diplômé de l'université de Chicago avant de poursuivre ses études à Harvard. Avant d'obtenir son doctorat en 1941, Samuelson a déjà écrit ce qui constitue son ouvrage majeur : *Les Fondements de l'Analyse économique*. Professeur au MIT (Massachussetts Institute of Technology) depuis le début de sa carrière, auteur du manuel d'économie le plus célèbre du monde, *Économie*, il a également contribué à de nombreux travaux pour les autorités américaines, que ce soit pour le Département du Trésor, la Réserve fédérale ou pour le président J.F. Kennedy. Paul Samuelson s'est éteint le 13 décembre 2009.

Fondateur de la théorie néo-classique contemporaine

Reprenant les travaux de John Hicks, Samuelson décrit, à l'aide des lois et des formules mathématiques, les comportements des agents économiques sur les marchés. Ceux-ci cherchent à obtenir le meilleur prix possible, c'est-à-dire celui qui leur permettra de maximiser leur profit (pour un vendeur) ou leur bien-être (pour un acheteur). Pour cela, ils procèdent au « tâtonnement », décrit par Walras. Samuelson défend alors la possibilité de voir les marchés parvenir à un équilibre général.

Son modèle est toujours la base de la théorie économique, telle qu'elle est enseignée. Les hypothèses très fortes sur lesquelles il repose – des agents purement rationnels, des marchés concurrentiels parfaits – ont toutefois fait l'objet de nombreuses critiques.

D'un point de vue macroéconomique, Samuelson a contribué à réaliser ce que l'on appelle « la synthèse néoclassique », mettant en place des modèles considérés comme fondateurs. Ainsi, le modèle à générations imbriquées, développé d'abord par Maurice Allais (1947), puis, par Peter Diamond (1965), permet de comprendre les interactions et les transferts de ressources entre deux générations cohabitant en permanence : les agents « jeunes » travaillent, et ceux, à la retraite, consomment leur épargne.

Le modèle Hecksher-Ohlin-Samuelson (HOS)

Jusqu'à la publication de l'article fondateur de Samuelson en 1941, qui reformule les intuitions d'Eli Heckscher et de Bertil Ohlin, le fonctionnement du commerce international n'était envisagé que sous l'angle de la théorie des avantages comparatifs de Ricardo. Le modèle HOS, – qui reprend les initiales de ses concepteurs –, explique pourquoi les économies choisissent de se spécialiser : l'explication vient de leur dotation plus ou moins importante en capital et en travail.

Considérons, par exemple, deux pays, comme producteurs de deux biens, des vêtements et des ordinateurs par exemple. Si le pays A possède une importante main-d'œuvre à bas coût, il l'utilisera pour se spécialiser dans le textile ; le pays B, fort doté en capital et moins en travailleurs, choisit de fabriquer davantage d'ordinateurs, secteur qui nécessite surtout des investissements massifs. Les deux pays exportent alors le bien dans lequel ils se sont spécialisés et importent le deuxième : par le biais de ces échanges, le prix de ces biens, mais aussi les salaires et les taux d'intérêt s'égalisent dans les deux pays.

Malgré la pertinence de son approche, le modèle HOS est infirmé par les faits empiriques (paradoxe de Leontief, qui calcule la proportion en capital et en travail des exportations américaines) et par certaines lacunes théoriques, comme la non-prise en compte de l'existence de coûts fixes pour les producteurs. Samuelson a récemment concédé que tous les pays n'avaient pas forcément intérêt à se spécialiser, contrairement à ce qu'affirme le modèle HOS.

Se considérant, à juste titre, comme le « dernier généraliste de l'économie », Samuelson a avancé presque tous les domaines de la science économique. Son manuel, *Économie*, reste une référence. Aujourd'hui, tous les néoclassiques et néokeynésiens s'appuient sur l'une ou l'autre de ses contributions.

Le **modèle Heckscher-Ohlin-Samuelson** est le « modèle standard » de la théorie du commerce international. Fondé sur l'avantage comparatif de David Ricardo, le modèle Heckscher-Ohlin-Samuelson vise à expliquer la présence d'échanges internationaux par les différences de dotations en facteurs de production de chaque pays. À travers ce modèle, les auteurs prouvent la supériorité du libre-échange et les bénéfices de la spécialisation.

Ce modèle est connu par les chercheurs sous plusieurs noms. Il fut publié sous une forme plus littéraire par Bertil Ohlin. Cet auteur en attribua la copaternité à son directeur de thèse, Eli Heckscher, en 1933. En 1941, Paul Samuelson et Wolfgang Stolper en déduisirent un théorème important sur la rémunération des facteurs.Ce théorème fut systématiquement incorporé dans la présentation du modèle, désormais connu sous l'abréviation HOS.

La théorie d'Heckscher-Ohlin prend sa source dans les analyses des Classiques, notamment, celle de l'avantage comparatif de David Ricardo. Ce dernier montre que les

pays ont intérêt à ouvrir leurs frontières et à spécialiser leur production.
D'autres analyses classiques portaient sur les conditions de l'équilibre international, mais aucune ne traitait des causes profondes du commerce international : pourquoi les pays s'échangent-ils des biens et des services et pourquoi le commerce bénéficie-t-il à toutes les parties ?

Les économistes suédois Eli Heckscher (en 1919) et Bertil Ohlin (en 1933) répondent à ces questions en élaborant un modèle (HO), complété dans les années 1940 par Paul A. Samuelson et Wolfgang S. Stolper.
Le théorème de ces derniers est systématiquement présenté par le modèle HO, l'abréviation devient HOS pour Heckscher-Ohlin-Samuelson. Celui-ci est le modèle néoclassique de base pour l'échange international.

Le modèle HO complète la théorie des avantages comparatifs de Ricardo, le libre échange y est aussi vu comme la meilleure politique possible. Heckscher et Ohlin intègrent les facteurs de production à l'analyse.
Ils montrent que les différences de dotations initiales en facteurs de production sont à l'origine des avantages spécifiques de chaque pays.

5. Colin CLARK (Théorie sur le revenu)
Les 3 secteurs de l'Économie (selon Colin Clark).
L'économiste écossais, Colin Clark, a eu l'idée de définir trois secteurs économiques principaux selon la nature de l'industrie :
- Le secteur primaire concerne la collecte et l'explication directe de ressources naturelles (matériaux, énergie, et certains aliments),
- Le secteur secondaire concerne les industries de transformation (agissant sur une matière).

- Le secteur tertiaire regroupe les industries du service (essentiellement immatériel : assurances, intermédiation, formation, études et recherche, administration, services à la personne, sécurité, nettoyage, etc.).
Cette classification n'est pas rigide, l'agriculture est, par exemple, à l'origine, classée comme un secteur secondaire (le cultivateur transforme des graines en produits consommables,), par opposition à la chasse et à la simple cueillette.

1. Le secteur primaire
Le secteur primaire comprend l'agriculture, la pêche, l'exploitation forestière et l'exploitation minière. On désigne, parfois, les trois dernières industries par « autres industries primaires ». Les industries primaires sont liées à l'extraction des ressources de la terre et à l'agriculture.

2. Le secteur secondaire
Le secteur secondaire regroupe les activités liées à la transformation des matières premières issues du secteur primaire. Il comprend des activités aussi variées que l'industrie du bois, l'aéronautique et l'électronique.
Même s'il représente une part relativement modeste du PIB des pays développés (par exemple 20,6% en France en 2006), ce secteur est considéré comme stratégique, il fournit des emplois d'ingénieur, du travail de recherche et du développement à des entreprises du secteur tertiaire.

- Composantes
- Aéronautique
- Agroalimentaire
- Automobile
- Astronautique
- Bâtiments et travaux publics (BTP)
- Construction électrotechnique
- Construction ferroviaire

- Construction mécanique
- Construction navale
- Industrie chimique
- Industrie pharmaceutique
- Industrie spatiale
- Électronique
- Électroménager
- Énergétique
- Industrie textile
- Industrie papetière
- Industrie du bois
- Production d'énergie (EDF, centrale électrique, GDF, etc.).
- Artisanat d'art

3. Le secteur tertiaire

Le secteur tertiaire regroupe toutes les activités économiques qui ne font pas partie des deux autres. Par exemple, l'assurance, l'enseignement, la grande distribution, les associations, le tourisme font partie du secteur tertiaire. Ce secteur produit des services.

Dans les pays développés, c'est de loin le secteur le plus important en nombre d'actifs occupés.

On distingue le secteur tertiaire marchand du secteur tertiaire non marchand, ce dernier comprenant la production de services non échangeables comme la justice, la sécurité, etc.

Branche

- Assurance
- Audit
- Banque
- Commerce
- Communication
- Conseil
- Électricité
- Éducation, formation
- Entretien
- Finance
- Horeca (Hôtellerie, Restauration, Café)

- Industrie des loisirs
- Informatique
- Réparation
- Recherche
- Santé, Médecine
- Sécurité
- Services à la personne
- Services juridiques
- Services publics
- Télécommunications
- Tourisme
- Transport, logistique

6. Michel DEBONNEUIL

Les quatre secteurs de l'activité économique (selon Michel Debonneuil) :

1. **Le secteur primaire : secteur de l'extraction des ressources et transformation des matières premières.**

- Extraction des matières premières
  - Richesses naturelles (forêt, eau, sol, sous-sol)
  - Matières premières (bois, minerais, pétrole, fourrures, terres agricoles)

2. **Le secteur secondaire :**

- Transformation de la matière première ;
  Exemple : bois et la transformation secondaire de la matière première.

3. **Le secteur primaire :** Biens et services.
4. **Le secteur quaternaire :**

- Haute technologie
- Industrie du savoir.

L'économie quaternaire ou industrie du quaternaire est un concept créé par Michel Debonneuil. Le concept recouvre essentiellement un secteur économique conjuguant le secteur secondaire et le secteur tertiaire dont les produits ne sont ni des biens, ni des services, mais « de nouveaux services incorporant des biens, la mise à disposition temporaire de biens, de personnes ou de combinaisons de biens et de personnes ».

Outre ces produits, le secteur quaternaire comprend les technologies de l'information et de la communication (TIC) et la formation qui y sont associées, ainsi que les actions de l'État pour soutenir son développement.

Les travaux de Michèle Debonneuil l'ont conduit à développer le concept d' « économie quaternaire » sur la base du constat de l'interaction croissante entre différents éléments – ainsi, par exemple, dans le domaine

des services de proximité des services à la personne, ou dans de nouvelles technologies de traitement de l'information et de communication.
Le secteur quaternaire est le secteur qui regroupe les entreprises exerçant des activités de recherche, de conseil, de louage ou de concession de services à forte valeur ajoutée de matière grise.
Ce secteur a été proposé dans les années 70 ; il regroupe les activités qui visent à fournir des services très élaborés, comme l'informatique et des télécommunications. On divise l'activité économique en 3 grands secteurs génériques : le secteur primaire (exploitation des ressources : agriculture, richesse du sous-sol, pêche, etc.) ; le secteur secondaire (biens créés par l'agriculture ou l'industrie : énergie, agroalimentaire, bâtiment, travaux publics, etc.), le secteur tertiaire (secteur des services : commerce, administration, enseignement, santé, etc.). On ajoute, parfois aujourd'hui, un quatrième secteur, le secteur quaternaire regroupant les activités liées à l'information et à la communication (presse, activités de recherche et de conseil, etc.).

Section 2 : Économie du savoir

L'**économie du savoir**, l'**économie de la connaissance**, l'**économie de l'immatériel** ou encore le **capitalisme cognitif**, est, selon certains économistes, une nouvelle phase de l'histoire économique qui aurait commencé dans les années 1990. Le concept est établi par Fritz Machlup en 1962 par la publication de son livre *The production and distribution of knowledge in the United States* ; sa thèse de 1977 montre que près de 45 % des employés aux États-Unis manipulent l'information. Ces travaux sont repris dans une annexe d'un rapport officiel français paru en 1978, *L'Informatisation de la société*, rapport qui connaît

un succès médiatique sans précédent sous le nom de ses auteurs Simon Nora et Alain Minc.
L'industrie de la connaissance représente 29 % du PIB aux États-Unis en 1958 toujours d'après l'étude de Machlup (1962) et 34 % en 1980 d'après celle de Rubin et Taylor. Ce type de travaux a été poursuivi par l'OCDE qui regroupe, à l'intérieur des industries fondées sur le savoir, les industries manufacturières de haute et de moyenne-haute technologie et deux catégories de services : les services fournis à la collectivité, sociaux et personnels et les activités de banque, assurance et autres services aux entreprises. Les industries de la connaissance représentent alors plus de 50 % du PIB de l'ensemble de la zone OCDE à la fin de la décennie 1990 contre 45 % en 1985 et connaissent une croissance supérieure au PIB dans la plupart des pays.
La mutation de l'économie ainsi annoncée serait aussi celle d'un nouveau mode de régulation du capitalisme. Les sociétés « postindustrielles », valorisent, sur le plan marchand, les connaissances, grâce à l'octroi de plus en plus étendu de droits de propriété sur des savoirs ou sur de l'information qui faisaient jusque-là partie des « biens communs » : connaissance produite par les professionnels du savoir (chercheurs, universitaires), des sociétés traditionnelles où le droit de propriété intellectuelle n'existe pas ou enfin de l'information disponible dans la nature (codes génétiques), elles (les sociétés « postindustrielles »), notamment celles de tradition anglo-saxonne, ouvrent de nouveaux espaces marchands, sources de croissance, mais également de rentes monopolistiques pour les détenteurs de ces nouveaux droits.
Des mutations du même type ont déjà eu lieu à différentes périodes de l'Histoire : à la Renaissance (républiques italiennes et école de Salamanque), au XVIIe siècle

(mercantilisme) et au XIXe siècle (Révolution industrielle et capitalisme industriel).
Enfin, certains ont pu parler de « nouvelle économie » ou « d'économie postindustrielle ».

Les piliers de l'économie du savoir
L'économie de la connaissance, en plus d'être une nouvelle phase, est un concept opérationnel assez nouveau ayant été promu par des organisations internationales et spécialement par l'Union européenne lors de la déclaration de Lisbonne en 2000, les rapports du programme des Nations unies pour le développement, les rapports et programmes de la Banque mondiale, *World Development Report 1999* et *knowledge for Development program* au World Bank Institute, ainsi que par d'autres séminaires, conférences et différentes études (notamment celles de l'OCDE et de l'ISESCO).
Il semble que la problématique de définir *les bases*, *piliers* de cette nouvelle économie, est soulevée en 1962, lorsque Kenneth Arrow a avancé que l'activité d'innovation est séparée d'avec des activités de production classique. Selon lui, la connaissance est produite par un secteur spécialisé à partir d'une fonction de production qui combine le travail qualifié et le capital. L'output de ce secteur consiste en l'information échangée sur un marché. Dans la même perspective, l'OCDE définit les économies fondées sur la connaissance comme « celles qui sont directement fondées sur la production, la distribution et l'utilisation de la connaissance et de l'information » (OCDE 1996a). Ainsi, plus tard, la Banque Mondiale a pu définir les piliers de l'économie de la connaissance comme étant au nombre de quatre à savoir :
En 2009, lors de la conférence de la Commission européenne à Göteborg, qui porte sur le thème « le triangle de la connaissance à la source de l'avenir de l'Europe » et qui

s'inscrit dans le cœur de la stratégie de Lisbonne sur la croissance et l'emploi 2000, une nouvelle définition des piliers de l'économie de la connaissance a vu le jour. Ainsi les quatre piliers ont été remplacés par trois piliers :

Une économie fondée sur de nouvelles formes de connaissances

Les facteurs d'évolution à l'origine du concept
Cette nouvelle ère économique connaîtrait son essor sous l'effet conjugué :

Le capital immatériel : un avantage compétitif ?
Il est considéré, dans ce type d'économie, qu'il n'est pas clair de savoir si les ressources naturelles sont prises en compte dans un schéma de durabilité faible ou forte. Jean-Marc Jancovici montre que la dématérialisation de l'économie ne permet pas de diminuer les consommations de ressources.

L'ingénierie des connaissances comme moteur de développement
Au total, cela fait évoluer, au niveau de la théorie économique, l'approche traditionnelle des facteurs de production, comme on le constate avec l'apparition des pôles de compétence dans la nouvelle économie du développement. La valeur travail traditionnel est remplacée par de nouvelles capacités stratégiques, constituées par le capital-savoir de l'organisation, en termes d'ingénierie des connaissances (en anglais *knowledge management*). L'ingénierie (ou gestion) des connaissances n'est autre que la déclinaison au niveau microéconomique, dans les entreprises et les administrations centrales ou territoriales, de l'économie de la connaissance.

Évaluation des conséquences pour les parties prenantes
Employés / Dirigeants
Certains avancent que l'accumulation de connaissances profiterait autant (sinon plus) aux travailleurs - qui en détenant le savoir, pèsent sur le processus de production- qu'aux investisseurs détenteurs des moyens matériels. Pour d'autres, ce nouveau stade du capitalisme augmenterait l'exploitation des salariés en les dépossédant de leurs connaissances et en rompant la dissociation entre le travail et la vie privée.

Administrations
L'avènement de l'économie de la connaissance a des impacts au niveau des administrations et touche nécessairement à la fiscalité.
En France, deux rapports sont parus en 2006. Le rapport de la Cour des comptes sur la mise en œuvre de la LOLF, qui met en évidence l'importance des actifs immatériels et le rapport Lévy-Jouyet sur l'économie de l'immatériel. Ces deux rapports conduisent le gouvernement français à créer en 2007 une agence publique, l'Agence du patrimoine immatériel de l'État, pour recenser, gérer et valoriser ses actifs immatériels.

Comptabilité et finances des entreprises
De plus, la mise en œuvre des normes comptables entraîne une révision radicale des règles économiques internationales, étant donné que le capital immatériel des entreprises est en train d'être comptabilisé comme immobilisations incorporelles, donc susceptible de donner lieu à des investissements au même titre que les immobilisations classiques dites corporelles (usines, immeubles).

Complexité du fait des interactions et des services
En réalité, l'appréhension du capitalisme cognitif est rendue complexe par la coexistence en son sein d'activités marchandes et non marchandes nécessairement interdépendantes (concept de patrimoine commun). Les tensions entre ces deux aspects sont permanentes. De plus, elles évoluent continuellement en fonction des facteurs économiques, sociaux, environnementaux, juridiques et techniques, etc.
On semble maintenant opposer l'économie traditionnelle dite « linéaire », avec l' « Économie circulaire ». Quoi qu'il en soit, le phénomène de mondialisation montre assez clairement qu'il y a une tendance de fond à l'évolution structurelle de l'économie.

Capitalisme cognitif et travail digital
Puisqu'il y a les nouvelles formes de création de valeurs actuelles induites par le travail digital (sur les moteurs de recherche, les plates-formes collaboratives, dans l'économie sociale et solidaire numérisées, sur les réseaux sociaux, dans les Tiers lieux, etc.), on peut réquisitionner l'approche théorique du capitalisme cognitif. Notamment, dans l'optique l'on doit analyser de nouvelles classes sociales se distinguant des dynamiques de subversion face à un « ordre numérique » ou des contradictions. Celles-ci en découlent pour ainsi envisager les logiques de nouveaux modes de gouvernance.
Dans cette optique, il faut envisager les conditions de naissance du travail salarié, prendre en compte l'instauration progressive du marché du travail et les externalités qu'il admet (le capitalisme cognitif a besoin du hors-marché pour prospérer) et tout en considérant le travail, le capital (le capitalisme comme rapport social) et la technologie dans la même perspective. Par ailleurs, la distinction entre

économie réelle et économie financière est à repenser dans un rapport entre sphère financière et sphère non financière.

La notion d'exploitation

Dans cette optique, les avancées du numérique dévaluent les tâches automatisables et réévaluent la capacité de traiter les choses complexes et l'innovation. On n'exploite plus la force de travail d'un individu, mais sa force d'invention.

Économie du savoir dans les grandes zones développées

États-Unis

L'épicentre de l'« économie du savoir » se trouve sans conteste en Californie. On trouve, par exemple à l'université Stanford, deux professeurs : Paul Romer, champion des nouveaux concepts de la croissance économique, et Stephen Krasner, qui conceptualise les analyses modernes de la souveraineté. Paul Romer intègre, dans ses analyses, la contrainte constituée par les limitations des ressources naturelles dans le monde.
Il n'est pas étonnant que ces nouvelles approches émanent de Californie, puisqu'on y trouve la Silicon Valley, prototype des pôles de compétitivité(*cluster* en anglais), donc les meilleures compétences en informatique : développement des processeurs nécessaires au matériel informatique.
On voit également une forte concentration autour de la capitale Washington : département de la Défense, département de la Justice, etc. qui utilisent des registres pour accéder aux ressources numériques.
Les travaux du Dublin Core ont poussé dès 1995 à l'élaboration d'un cadre de description des ressources informatiques par le W3C (Resource Description Framework), qui a conduit à la mise en place de registres de métadonnées

par les grandes administrations du gouvernement américain.
Les principaux serveurs racines du DNS (qui gère les noms de domaines de l'internet) sont localisés en Virginie (Dulles), au Maryland, c'est-à-dire autour de Washington, et à Santa Clara (Silicon Valley). La bibliothèque du Congrès américain, qui contient 128 millions de volumes, soit trois fois plus que la Bibliothèque nationale de France, est un fer de lance de l'utilisation des métadonnées (Open Archives Initiative) dans l'accès aux ressources Web.
On voit donc se mettre en œuvre des stratégies globales autour de nouveaux concepts de systèmes d'informations, où la gouvernance d'internet joue un rôle majeur.

Japon / Chine

L'un des meilleurs penseurs sur le sujet est le professeur japonais Ikujiro Nonaka. Le Japon est très vigilant sur la protection de la connaissance, notamment avec l'utilisation de métadonnées dans la description des ressources informatiques correspondant aux images numériques, pour l'industrie photographique.

Europe

Article détaillé : Métadonnée dans l'Union européenne.
L'Europe entre dans cette phase progressivement. Elle est, cependant, freinée dans cette transition par des difficultés organisationnelles.
L'Union européenne a défini en 2000 une stratégie visant à faire entrer l'économie européenne dans la « société de l'information » : la stratégie de Lisbonne.
Le Conseil européen de Göteborg des 15 et 16 juin 2001 a ajouté une dimension environnementale aux objectifs de Lisbonne, et a souligné le changement d'approche en matière d'élaboration des politiques. Il s'agit « d'examiner de manière coordonnée les conséquences économiques, so-

ciales et environnementales de toutes les politiques et d'en tenir compte dans les processus de décision ». On n'a plus parlé de société de l'information, mais plutôt de société de la connaissance. L'objectif de la Stratégie de Lisbonne est dorénavant de faire de l'économie européenne « l'économie de la connaissance la plus compétitive et la plus dynamique du monde d'ici à 2010 ».
On constate que le processus de décision de l'Union européenne intègre bien des éléments sur l'accès aux ressources numériques.
La question se pose de savoir si les approches sur l'économie de l'immatériel prennent en considération les objectifs du Conseil européen de Göteborg sur le développement durable, et si les études sur le capital immatériel intègrent les métadonnées.

Statut de la connaissance en matière de propriété

Nécessité de revoir la protection de la propriété

Le noyau de l'économie de la connaissance est lié à l'appropriation des connaissances et à la production continuelle d'innovations. Tous les secteurs de la vie sociale qui concourent à la production de connaissances seraient les nouveaux centres du *capitalisme cognitif*.
La manière classique de protéger la propriété, dans l'économie industrielle au XIXe siècle, était le brevet. Le droit de l'informatique s'est progressivement appuyé sur le brevet, qui était le fondement de la propriété industrielle). Certaines dérives ont conduit à remettre en cause la brevetabilité du logiciel, surtout dans l'Union européenne. L'économie du savoir se place aujourd'hui dans une perspective plus large de propriété intellectuelle, qui interfère avec les nouvelles formes du droit de l'informatique.

Nouvelles méthodes sur les droits d'usage

Ceci suppose une extension des concepts traditionnels de la propriété privée, et la possibilité d'appliquer à cette connaissance un droit privatif afin d'en exclure l'usage gratuit aux autres. On parle alors de « nouvelles enclosures ». Le savoir est par essence non rare, mais partageable. Ces protections contre la coopération sont cependant difficiles à mettre en œuvre.

De nouvelles méthodes de production et de diffusion de connaissances apparaissent, sans droit de propriété exclusif, parce qu'elles se basent sur la coopération : les logiciels libres ou open source, l'art libre et plus généralement tous les objets placés sous licence publique générale GNU dite GPL ou autres licences libres.

Aussi l'économie du savoir se place-t-elle, au moins en partie, à l'intersection entre la propriété littéraire et artistique, et la propriété industrielle. C'est la raison pour laquelle les dessins et modèles industriels ont un statut hybride en France. Ce statut devrait conduire à une harmonisation du droit communautaire dans ce domaine, lorsque les États membres de l'Union européenne se seront mis d'accord sur les droits d'auteur.

Patrimoine informationnel

Le passage à une économie ouverte pilotée par des systèmes d'information nécessite de structurer le capital immatériel du point de vue de la sécurité technique des données. Il devient alors nécessaire d'évaluer les actifs immatériels, d'un point de vue comptable. Corrélativement, il convient d'adopter une approche de protection juridique du patrimoine informationnel de l'entreprise.

Chapitre II-
Savoirs et niveau de développement

Section 1 : l'adaptabilité de cette classification dans les pays développés (PD)

-Taux de scolarisation dans les pays développés
** Le secteur zéro levier des économies des pays développés*

Les taux de scolarisation sont nets et sont obtenus par division du nombre d'élèves d'un groupe d'âge donné, tous niveaux d'enseignement confondus, par l'effectif du même groupe d'âge. Sauf mention contraire, les chiffres correspondent au nombre d'individus et sont ventilés par sexe. En général, ils ne font pas la distinction entre les élèves à temps plein ou ceux à temps partiel, vu que certains pays ne reconnaissent pas les études à temps partiel. Dans plusieurs pays de l'OCDE, les données communiquées ne rendent compte que partiellement de ce mode de scolarisation.

Les systèmes scolaires des pays développés

Les systèmes éducatifs complexes des pays développés sont le fruit de traditions culturelles, politiques, économiques et administratives très contrastées. Ils sont, à la fois, déterminés par ces héritages et porteurs de changements, par les politiques éducatives des gouvernements arbitrant sans cesse entre conservation et adaptation. Il en résulte une très grande diversité de structures et de pratiques pédagogiques qui reflètent, chacune à sa manière, le rôle assigné à l'école dans la société. Ces structures et pratiques peuvent être appréhendées à trois niveaux essentiels : la scolarité obligatoire ; l'enseignement secondaire et supérieur et la formation technique et professionnelle.

- **La scolarité obligatoire**

En Europe, dans la seconde moitié du XIXe siècle, la mise en œuvre de la scolarité obligatoire a souvent été le résultat d'une décision politique majeure, considérée en son temps comme une avancée fondamentale sur la voie du progrès social. Au cours du siècle qui a suivi, sa durée a été progressivement allongée sans perdre ce caractère symbolique de conquête.

- **Durée de la scolarité**

La scolarisation est actuellement d'une durée variable, mais le cycle de neuf ans est le plus fréquent, du moins dans les pays développés. Elle correspond, dans de nombreux pays, à l'enseignement primaire et au premier cycle de l'enseignement secondaire. Dans la pratique, cet enseignement de base tend à s'allonger sous l'effet des progrès en matière de préscolarisation et de poursuite d'études en fin de scolarité obligatoire.
La préscolarisation des moins de six ans – âge « normal » d'entrée dans le milieu scolaire – demeure très inégale. Très avancée pour les enfants de cinq ans dans la plupart des pays européens où 90% des enfants de cet âge sont scolarisés, elle diminue rapidement avec l'âge. Seuls la France, la Belgique, les pays scandinaves et les pays de l'Europe orientale scolarisent massivement les enfants de quatre et trois ans dans des structures publiques, la situation de ces pays correspondant à une volonté politique très forte de scolarisation précoce des enfants.

- **Éducations-types et fins de l'éducation**

Prise dans la perspective que l'on va adopter, l'éducation est définie comme fondement même de toute société. On traitera ici, non pas de n'importe quel processus de développement et de perfectionnement des individus sous l'action d'autrui, mais seulement de ce processus, lorsqu'il met en jeu des adultes à titre d'éducateurs et des êtres non encore adultes à titre d'éduqués. Il y a déjà éducation chez l'animal, à des degrés divers, certes, selon les espèces, avec pour résultat une meilleure ou une plus rapide adaptation au milieu, mais chez l'homme les capacités éduquées permettent, au-delà d'une adaptation, une transformation du milieu lui-même ; en route, non moins spécifiquement humaine est la continuité sociale, qui ne saurait être sans que chaque génération soit, d'une certaine manière, façonnée par la précédente : l'éducation transforme les êtres instinctifs et indifférenciés à la naissance en membres de telle société, capables de contribuer à sa subsistance ou à son développement, par tels savoir-faire, et sachant y établir des rapports sociaux en fonction de tels schémas.

- **L'éducation non institutionnalisée**

Qui dit éducation ne dit pas nécessairement institution éducative. La famille, tout d'abord, sous des formes diverses, –du moins son segment mère-enfant, mais souvent plus largement – est presque toujours le lieu de la première éducation : apprentissage des savoir-faire élémentaires dont certains sont innés chez l'animal mais acquis chez l'homme, forme donnée aux rapports perceptifs et actifs avec les objets et les êtres les plus proches, intégration progressive de coutume et d'interdits. Même à ce niveau, on sait combien sont divers les rôles respectifs du père, de la mère, et d'autres membres de la parenté (M.Mead) et comment les façons de se comporter avec le tout petit enfant peuvent varier de la grande douceur à l'agressivité en passant par la quasi-indifférence.

- **Éducation : Philosophie de l'éducation**

Dans le dernier quart du XXe siècle, la pensée de l'éducation comprend une triple référence : l'histoire ancienne et moderne des rapports entre éducation et philosophie dans la culture occidentale ; la remise en question théorique et pratique de l'humanisme, liée à la domination contemporaine des sciences humaines et sociales sur la pensée ; l'ardente et triviale obligation – solennisée dans l'imagination par l'approche du IIIe millénaire, mais dramatisée dans la réalité par la crise générale de la modernité de parler d'un avenir de l'éducation dont aucun tenant des deux autres références n'est plus, d'ailleurs, en droit de contrôler le discours.

Les éducateurs philosophes

La liste des « grands philosophes », de Platon à Kant, recoupe d'assez près celle des grands pédagogues. Cependant, l'écart entre les deux listes, joint à l'incertitude même de la désignation et du statut social du « philosophe », laisse apparaître un flottement instructif : théologiens et pasteurs d'âmes, apôtres de l'enfance, praticiens ingénieux ou illuminés se faisant les théoriciens plus ou moins heureux de leurs entreprises, tout un moyen peuple de penseurs ne manque pas de faire état de sa « science », parce que, de l'éducation, il s'est fait une « philosophie ».

La filière marquante de la fin du XVIIIe siècle, de Rousseau à Kant et à Pestalozzi, institue un parcours singulier où se conjoignent intuition et système, compassion et analyse, désir et vertu, critique et naïveté, utopie et médiocrité, et où s'avoue l'impossibilité de l'indifférence. Érigeant les êtres humains en sujets-acteurs de leur propre éducation, rendue insensiblement équivalente à leur destinée, ces penseurs assurent la modernité commençante dans sa fonction singulière : faire advenir l'éducateur, comme l'a montré Michel Soetard (1981).

- **L'histoire de l'éducation**

À partir de la fin du XVIIIe siècle, au sein des sociétés européennes en évolution, l'éducation se manifesterait à la fois comme un enjeu social, comme une composante de la croissance économique, comme une organisation nationale, comme une idée régulatrice et un projet de gouvernement. Il était, dès lors, prévisible que le propos sur l'éducation en vînt à s'inscrire dans une histoire.

- **L'ère de l'édification de l'école**

Sans doute est-ce l'une des marques générales du XIXe siècle. Elle commence à être le temps de la connaissance historique et le temps des « considérations ». L'histoire-discours, avec Guizot, fait le pendant de la philosophie de l'histoire hégélienne. Michelet immortalisera la mission du « ressusciteur », dans laquelle l'art et l'âme du narrateur débordent la technique de l'archiviste pour assurer l'histoire en sa fonction d'institutrice du peuple.
Ainsi, cela remplit l'enjeu de l'éducation pour la modernité : l'institution du peuple. Le XIXe siècle se constituera progressivement en corps professionnels laïques par les agents de ladite institution-là, ceux que, justement, depuis le « projet » de Condorcet (1792), il s'agit de ce qu'on appelle les *instituteurs*. En effet, l'éducation, parce qu'elle est histoire en train de se faire, prend place au cœur du récit que l'époque moderne confectionne sur elle-même et sur ses antécédents : prendre en considération l'éducation *pour elle-même*, ce serait, en quelque sorte, tenir l'un des « fins mots » de l'histoire.
Une certaine « histoire de l'éducation » est ainsi strictement contemporaine de l'édification de l'école républicaine, laïque, démocratique et libérale. Elle est, en partie,

liée au projet. Elle avalise la perception progressiste du déroulement de l'histoire humaine, parce que les lumières et la Révolution de 1789 constituent bien le temps d'une nouvelle naissance de l'humanité sous le signe de l'éducateur. Toutefois, on souligne le rôle précurseur de la Renaissance et de la Réforme du XVIe siècle.

- **Sociologie de l'éducation**

On considère, généralement, qu'Émile Durkheim est le fondateur de la sociologie française de l'éducation, parce qu'il affirmait que l'école a pour finalité de produire des individus socialisés à travers une « éducation morale » visant à former des acteurs adaptés à des conditions sociales données, et des individus autonomes, des citoyens capables de s'élever vers la culture de la « grande société ». En fait, cette sociologie participait à la construction d'une école de la République chargée d'assurer la formation d'une conscience nationale, d'une participation démocratique et d'une morale universelle et laïque ; l'école de la République devait se mettre au service de la Raison et de l'intégration des individus dans la société. L'ampleur des tâches attribuées à l'école a fait de celle-ci une organisation centrale chargée d'instituer la nouvelle société formée au XIXe siècle et d'incarner l'idéal révolutionnaire. Plus que toute autre institution, l'école a incarné la République.
Dès les années 1960, en France, la sociologie de l'éducation s'est consacrée à l'étude et à l'explication de la distance et des tensions qu'il pouvait y avoir entre ce modèle et la réalité des pratiques et du fonctionnement de l'école. C'est pour cette raison que la question des inégalités scolaires est devenue centrale. La sociologie de l'éducation s'est progressivement construite autour des traditions théoriques différentes, mais surtout, autour des problèmes qui se développent et se transforment au fil des mutations de l'école, de la culture et de la société. L'inégalité des

chances, les difficultés rencontrées par la massification scolaire ont, alors largement, inspiré la production sociologique en matière d'éducation.

- **L'économie de l'éducation**

L'approche économique contemporaine de l'éducation s'est développée à partir de la fin des années 1950 avec les travaux de Theodore Schultz (prix Nobel 1979), Gary Becker (prix Nobel 1992) et Jacob Mincer qui ont fondé la théorie du capital humain. Selon cette théorie, les compétences acquises, dans le système d'enseignement (école, collège, lycée, université, enseignement et formation techniques et professionnels, etc.), augmentent la productivité des individus et accroissent les revenus qu'ils tirent de leur travail. En d'autres termes, elles constituent une forme de capital dont la particularité est d'être « incorporée » dans les personnes qui la détiennent, d'où son nom de capital humain. L'éducation est représentée comme un investissement en capital humain : les individus décident de la durée et du contenu de leurs études en fonction de leurs coûts ainsi que des bénéfices qu'ils espèrent en tirer. De ces décisions résulte la demande d'éducation ; le système d'enseignement est l'offre qui vient répondre à cette demande. L'enseignement est conçu comme un processus de production de capital humain dont on peut analyser l'efficacité, c'est-à-dire la façon dont les dépenses d'éducation sont traduites en résultats scolaires.

Les préoccupations des fondateurs des systèmes d'enseignement modernes en Europe aux XVIIIe et XIXe siècles n'étaient pas principalement économiques, mais plutôt religieuses, militaires ou politiques. En France, les fondateurs de l'école républicaine lui donnaient pour mission de former esprits et citoyens. Depuis lors, la prise en compte de la dimension économique de l'éducation s'est imposée : les liens entre l'éducation, les salaires, le chômage, la croissance économique et les inégalités sociales sont au cœur du débat public. À l'échelle mondiale, les Nations unies avaient inscrit l'universalisation de l'enseignement primaire parmi les « Objectifs du millénaire » à atteindre en 2015 pour réduire la pauvreté.

Section 2 : L'inadaptabilité de ces 3 secteurs dans les pays sous-développés

- *Faible taux de scolarisation*

Dans dix (10) pays affichant les taux de scolarisation les plus faibles, 40% des enfants n'ont pas accès à l'éducation de base.
NEW YORK, 1er septembre 2016, dans les 10 pays affichant les pourcentages d'enfants n'ayant pas accès à l'éducation primaire les plus élevés, près de 2 enfants sur 5, soit 18 millions, ne sont pas scolarisés, a déclaré aujourd'hui l'UNICEF.
Dans cette perspective, le Libéria enregistre le plus fort taux d'enfants non scolarisés. Près de deux tiers d'enfants en âge de suivre une éducation primaire n'ont pas accès à l'école. Le Soudan du Sud occupe le deuxième rang, car, 59% des enfants ne peuvent pas bénéficier d'une éducation primaire puisqu'une école sur trois est fermée en raison du conflit.

L'Afghanistan (46%), le Soudan (45%), le Niger (38%) et le Nigéria (34%) figurent également parmi les 10 premiers pays africains affichant les taux de scolarisation les plus faibles. Tous ces pays illustrent clairement comment les urgences humanitaires et les crises prolongées empêchent les enfants d'aller à l'école.

L'analyse de données de l'UNICEF, publiée alors que ce mois marque la rentrée des classes pour des millions d'enfants, souligne l'ampleur d'une crise de l'éducation qui touche des pays déjà décimés par des conflits, des périodes de sécheresse prolongée, des inondations, des tremblements de terre et des taux de pauvreté extrême.

L'UNICEF craint que, faute d'éducation, une génération entière d'enfants vivant dans les pays affectés par des conflits, des catastrophes naturelles et l'extrême pauvreté grandiront sans pouvoir acquérir les compétences nécessaires pour contribuer au développement de leurs pays et de leurs économies, ce qui aggravera la situation déjà désespérée de millions d'enfants et de leurs familles.
L'éducation reste l'un des secteurs les moins financés lors des appels humanitaires. En 2015, les organisations humanitaires n'ont reçu que 31% des financements à l'éducation dont elles avaient besoin, loin derrière les 66% obtenus 10 ans plus tôt. En dépit d'une augmentation de 126% des besoins éducatifs depuis 2005, les fonds n'ont progressé que de 4%. En outre, les systèmes éducatifs, à même de résister, bien qu'ils résistent à des crises prolongées, ne peuvent se construire par des appels à court terme et par nature imprévisibles.
Lors du Sommet humanitaire mondial tenu en mai 2016, une nouvelle plate-forme de financement mondiale, même si l'Éducation ne peut attendre, a été lancée pour combler, grâce à des financements prévisibles, l'écart entre les actions humanitaires en période de crise et le développement à long terme qui les suit.
Bien que ne figurant pas parmi les 10 premiers pays où le taux de scolarisation est le plus faible, la Syrie dénombre 2,1 millions d'enfants en âge d'être scolarisés (5-17 ans) qui ne vont pas à l'école. Par ailleurs, 600 000 enfants syriens réfugiés dans la région sont également privés d'éducation.

Des données récentes mais faibles, qu'elles proviennent des sondages ou des administrations locales, ne sont pas disponibles pour des pays comme la Somalie ou la Libye en raison notamment des conflits actuels.
« Dans les pays où un conflit fait rage, l'école dote les enfants des connaissances et des compétences dont ils ont besoin pour reconstruire leur communauté une fois la crise passée. À court terme, elle leur offre également la stabilité et la structure nécessaires pour faire face à ce traumatisme. Les écoles peuvent également protéger les enfants des traumatismes et des menaces physiques qui pèsent sur eux. Lorsque les enfants ne sont pas scolarisés, les risques d'abus, d'exploitation et de recrutement dans des groupes armés sont plus élevés », explique Jo Bourne, responsable de l'éducation à l'UNICEF.

- **Croissance démographique et instruction dans les pays en voie de développement.**

Application au Brésil
Une croissance démographique rapide (l'explosion démographique des Anglo-Saxons), est un phénomène, absolument, général qui accompagne le démarrage du développement économique et social dans les pays que l'on appelle, de façon fort imprécise, pays sous-développés. L'intérêt universellement porté pour le relèvement du niveau de vie dans ces pays dits sous- développés a conduit toutes les recherches sur le sous-développement et sur les moyens d'y remédier, autrement dit, il s'agit de s'attacher aux effets économiques d'une croissance démographique poursuivant au rythme de 2 à 3 % par an.

On peut sommairement conclure que, de façon générale, une croissance démographique aussi rapide impose des efforts de développement économique plus lourds, puisqu'il ne suffit pas d'élever rapidement le niveau de vie de la population, mais qu'il faut assurer ces niveaux de vie à des populations plus nombreuses. Mais les rapports démo-économiques sont trop complexes, pour que la nécessité reconnue d'efforts plus grands permette de porter un jugement général sur les avantages et les inconvénients de la croissance démographique qui les impose. Si les efforts sont plus lourds, il peut arriver, en effet, que la pression d'une population croissante constitue la provocation nécessaire (challenge) pour que ces efforts soient faits et que la croissance démographique soit ainsi un moteur du développement; il peut arriver aussi que l'augmentation du chiffre de la population présente, lorsqu'elle se sera produite, des avantages qui rendront la poursuite du développement plus facile. Du point de vue de leur développement économique, il n'y a donc pas un problème de la croissance démographique commun aux pays sous-développés, mais des situations nationales dans lesquelles la balance entre les avantages et les inconvénients de la multiplication rapide du nombre des hommes ne penche pas toujours du même côté.

- **Répartition de la charge de l'instruction**

II en est tout autrement des difficultés d'instruction publique qui résultent nécessairement de l'explosion démographique liée au démarrage du développement économique et social. Les rapports entre le rythme de croissance de la population et la charge que représente l'instruction publique sont, en effet, très directs et très simples. Lorsqu'il s'agit des investissements économiques, il est certain que la croissance démographique en exige de plus importants, mais il est possible aussi qu'elle les facilite et qu'elle en accroisse le rendement; lorsqu'il s'agit de l'instruction publique, la charge est d'autant plus lourde que les enfants à instruire représentent un pourcentage plus élevé de la population.

On peut, par exemple, fort bien admettre que, dans le cas de l'Inde, dont le peuplement est déjà très dense, la croissance démographique constitue un obstacle au développement économique, tandis qu'on pourrait fort bien admettre que dans le Brésil, encore si faiblement peuplé, la croissance, cependant plus rapide, de la population, favorisera finalement le développement du pays, même si elle doit retarder la jouissance par la population des effets de ce développement. Mais, dans un pays comme dans l'autre, le rapport que la croissance démographique établit entre le nombre d'enfants à scolariser et le chiffre de la population active est également défavorable. Par conséquent, on admet – et on ne peut faire autrement – que l'instruction de la population est un élément essentiel du développement économique et social, la croissance démographique rapide des pays sous-développés constitue, dans tous les cas, un obstacle au développement, qu'il est indispensable de surmonter.

Lorsque les problèmes du développement se présentent dans les conditions les plus favorables, en Amérique latine, par exemple, il ne semble nullement impossible que les difficultés économiques soient surmontées, et que, au prix d'épargnes plus élevées, d'investissements mieux dirigés et de quelque aide étrangère, on puisse, au moins dans le proche avenir, faire face à des croissances démographiques annuelles de 2 à 3 %, tout en améliorant les niveaux de vie individuels. Mais, les effets de ces efforts économiques risqueraient d'être retardés ou annulés, si le poids de l'instruction nécessaire se révélait insupportable. Dans tous les plans de développement, il est nécessaire de porter la plus grande attention aux effets de la croissance démographique sur les conditions de l'instruction publique, parce que c'est là que peut toujours se créer un goulot d'étranglement et qu'il tend à se créer dans les conditions économiques les plus favorables.

- **L'enseignement primaire et le problème du nombre**

Le Brésil fournit un excellent terrain pour l'étude des rapports de la croissance démographique avec l'instruction publique, dans un pays en voie de développement. D'une part, avec un taux de croissance annuelle de 2,4%, qui lui donne une composition par âge fort jeune, le Brésil apporte un bon exemple de l'explosion démographique qui accompagne aujourd'hui le sous-développement; d'autre part, il est fort peu de pays dont le développement économique, déjà avancé, se présente dans des conditions aussi favorables. Mais, si la croissance économique s'y poursuit à un rythme relativement fort élevé, la difficulté de développer assez rapidement l'instruction de la population constitue un goulot d'étranglement qui déséquilibre le développement général du pays.
Deux phénomènes dominent la question de l'enseignement primaire : En premier lieu, le nombre d'élèves augmente démesurément d'une année à l'autre, parce que, dans la phase de développement que traverse le pays, des motivations favorables à la recherche de l'instruction commencent à apparaître : une population longtemps satisfaite de l'ignorance sent aujourd'hui le besoin de savoir lire et écrire.

En second lieu, le nombre d'élèves augmente démesurément, parce que la population s'accroît rapidement. Il résulte de ces deux mouvements une proportion extraordinairement élevée du nombre de ceux qu'il faudrait instruire, par rapport au nombre de ceux qui peuvent donner ou payer leur instruction.

En trente ans, le nombre d'élèves qui s'inscrivent dans les cours d'enseignement primaire a été multiplié plus de quatre fois :

- 1920 :1.250.000
- 1940 :3.302.000
- 1930 :2.084.000
- 1950 :5.240.000

Pour rapide que soit cette croissance du nombre d'élèves, elle ne permet aucunement de satisfaire les besoins d'instruction les plus élémentaires ; pour les satisfaire, il faudrait imposer à une population active extrêmement réduite, une charge écrasante. On peut mesurer le poids de la charge qui devrait être assumée, quand on compare cette situation avec celle de la France, où l'augmentation de la natalité, survenue depuis 1945, n'a que bien légèrement accru la charge scolaire.

Il suffit d'envisager la charge d'une scolarisation de six à treize ans que l'on peut considérer comme le minimum nécessaire pour un pays semi-développé. Durant une longue période, la population française était demeurée stationnaire et les effectifs scolaires avaient eu tendance à diminuer; le changement de comportement démographique, à partir de 1945, provoque une augmentation d'effectifs de l'enseignement primaire qui, entre 1950 et 1957, est de l'ordre de 30 %. Cette augmentation a soulevé des problèmes partiellement et souvent mal résolus; tous les élèves qui se présentaient ont pu être accueillis, mais il a été nécessaire de construire des baraquements provisoires, d'organiser des classes dans des appartements ou des établissements commerciaux, d'accepter largement le concours de l'enseignement libre. Le manque de professeurs a contraint à augmenter le nombre d'élèves dans les classes et à faire appel à des professeurs improvisés.

La charge imposée, dans un pays sous-développé par l'augmentation du nombre de jeunes en âge scolaire et par l'aspiration des groupes de plus en plus larges à un minimum d'instruction, est sans commune mesure avec celle qui paraît fort lourde à la France. En 1950, le nombre d'adultes en âge d'activité était sensiblement égal en France et au Brésil, mais, au Brésil, le nombre de ceux à qui il aurait fallu donner une instruction élémentaire était plus de deux fois plus élevé :

Brésil - France

- Population totale en 1950 :51.944.000 42.130.000
- Adultes de 18 à 64 ans:25.400.000 26.000.000
- Jeunes de 6 à 13 ans:10.738.000 4.310.000

- **Fécondité et aptitude à l'emploi**

Bien qu'il révèle une charge de scolarisation élémentaire plus de deux fois plus élevée au Brésil qu'en France, ce tableau ne donne pas une idée exacte de la différence. En effet, si les populations en âge d'activité sont sensiblement égales dans les deux pays, il n'en est pas de même des populations aptes à l'activité économique. Les femmes brésiliennes, comme celles des autres pays en voie de développement, ont des enfants très nombreux (6,45 en moyenne au Brésil) ; avec plus de six enfants, la période de fécondité est fort longue. Une femme retenue au foyer par la naissance et par l'éducation des enfants, pendant un minimum d'une quinzaine d'années, peut difficilement appartenir à la population active et, si elle peut lui appartenir avant de commencer la période de fécondité ou après l'avoir terminée, elle ne peut lui fournir une main-d'œuvre très qualifiée. Il est absurde, en tout cas, pour une partie de l'Amérique du Sud, de voir dans le faible nombre des femmes travaillant hors du foyer (ce sont surtout des jeunes filles) le résultat de préjugés entraînant un certain asservissement de la femme; ce faible nombre est une conséquence nécessaire de la grande fécondité et, s'il arrive, cependant, qu'un certain nombre de femmes travaillent, c'est que la misère les y contraint, malgré les inconvénients graves que ce travail présente. Dans un pays où la natalité est supérieure à 40 %, ce n'est pas l'absence de travail des femmes hors du foyer qui est un des indices du sous-développement, mais bien au contraire l'existence du travail féminin hors du foyer (réserve faite pour les structures sociales des démocraties populaires). Dans la population en âge d'activité du pays sous-développé, la moitié féminine n'est pas apte à l'activité. Le résultat est que, tandis que–la population réellement active de 18 à 64 ans est de 18 millions en France, elle n'est que de 14 millions au Brésil.

Si l'on voulait donner aux deux populations la même scolarisation de six à treize ans, il y aurait, en France, 4,3 adultes actifs pour un enfant à scolariser, tandis qu'il n'y en aurait au Brésil que 1,2. La charge brésilienne serait trois fois et demie plus lourde que celle qui paraît déjà pénible dans un pays bien plus riche et bien mieux équipé pour l'enseignement.

Peu de pays, autres que le Brésil, consacrent à l'enseignement un pourcentage aussi élevé de leur budget, mais, en face d'une semblable composition par âges, il est totalement impossible de fournir à l'ensemble de la population une instruction efficace. Malgré tous les efforts, la proportion officielle des analphabètes est, au Brésil, de l'ordre de 50 % et le nombre de ceux qui sont véritablement alphabétisés est beaucoup plus faible. Parmi ceux qui savent lire, on constate, en outre, que beaucoup n'y parviennent que tardivement en dehors de l'école, grâce aux efforts désespérés qu'ils font, lorsqu'ils se trouvent dans un milieu où l'instruction est indispensable.

Quand le nombre d'enfants est aussi grand par rapport à celui des adultes, on se trouve en présence d'un choix entre solutions également inadmissibles : ne donner un enseignement de qualité et de durée suffisante qu'à une partie privilégiée de la population ou tenter de donner à tous une instruction très brève et de qualité douteuse.

- **Condition de l'instruction primaire dans la société dualiste**

Le problème du nombre d'enfants à scolariser dans la population croissante des pays sous-développés est, en outre, fortement aggravé, parce que, plus encore que sous-développés, ces pays sont inégalement développés. L'établissement d'une société dualiste, présentant un faciès évolué et un faciès archaïque, accompagne généralement le démarrage du développement économique et social.

Dans le pays, déjà développé, dont, au Brésil, Saint-Paul est le prototype, puisque le revenu par tête est du même ordre de grandeur que ceux de certains pays européens, dont le Brésil attire d'ailleurs les émigrants. Le développement de l'économie exige des ouvriers et des employés possédant au moins une bonne instruction primaire et, si possible, une préparation technique bien plus coûteuse ; la population sent le besoin de cette instruction et les ressources de cette population permettent de payer la scolarisation, relativement prolongée, qui est nécessaire.

Enfin, il est d'autant mieux possible à l'État de Saint-Paul de supporter la charge de l'enseignement que, dans le faciès évolué de la société dualiste, la proportion des enfants à scolariser est relativement beaucoup moins grande que dans le faciès archaïque. L'État de Saint-Paul ou, mieux encore la ville de Rio de Janeiro, a une composition par âge plus favorable que le reste du pays, parce que, d'une part, la fécondité s'y trouve déjà quelque peu réduite et que, d'autre part, le développement même de ces régions attire de nombreux immigrants adultes.

Par contre, dans le faciès archaïque dont, au Brésil, les États du Nord-est, Piaui, Maranhâo ou Ceará et, à un moindre degré des États du Centre-Ouest, Bahia, Rio de Janeiro ou même Minas Geraes, sont le modèle, le revenu par tête est du même ordre de grandeur que ceux du Proche-Orient ou de l'Asie. L'économie de la majorité de ces États repose sur une agriculture primitive, qui n'exige guère de spécialisation; les individus enfermés dans des communautés locales très simples ont peu d'occasions d'utiliser l'instruction qu'ils viendraient à recevoir et la pauvreté de ces États rend bien difficile l'entretien d'un système d'éducation, même très rudimentaire. En outre, dans ce faciès archaïque de la société dualiste, la fécondité non contrôlée augmente le nombre de ceux qui doivent recevoir l'instruction, cependant, les migrations réduisent le nombre de ceux qui doivent la payer.

À cet égard, le contraste est saisissant entre la ville de Rio de Janeiro et l'État voisin de Rio de Janeiro. L'un et l'autre avaient, en 1950, à peu près, le même nombre d'habitants, mais, dans la ville (District fédéral), il y avait près de 700.000 hommes de 20 à 64 ans, pour 400.000 jeunes de 5 à 14 ans et la fécondité déjà réduite permettait, en outre, à un grand nombre de femmes de travailler. Dans l'État de Rio de Janeiro, dont la structure est demeurée très archaïque et, dont les adultes, s'ils le peuvent, cherchent à émigrer vers la capitale fédérale, il y avait 574.000 jeunes de 5 à 14 ans pour 542.000 hommes de 20 à 64 ans.

- **Revenu par personne et scolarisation.**

Le district fédéral, dans lequel le revenu par personne active, était, en 1953, supérieur à 45.000 cruzeiros et il pouvait fournir de bonnes écoles et une scolarisation relativement longue à ses enfants peu nombreux (4 enfants pour 7 hommes adultes), mais l'état de Piaui, dans le nord-est, qui a 7 enfants pour 4 hommes adultes, et dans lequel le revenu du travailleur atteint à peine 10 % de celui du travailleur de la capitale fédérale, ne pouvait donner qu'une instruction de durée très limitée à une faible partie de ses enfants.
Ainsi, les plus pauvres ont la charge de scolarisation la plus lourde parce qu'il n'est pas si facile d'égaliser les charges pénibles sur la population du faciès archaïque et sur celle du faciès évolué, dans la société dualiste.

Prétendre donner à tous l'instruction dont un pays évolué a besoin et que Saint-Paul ou la ville de Rio de Janeiro ont la possibilité de donner est extrêmement difficile. En 1950, l'État de Saint-Paul, où le revenu par tête était de 12.000 cruzeiros, dépensait 2.500 cruzeiros par élève de l'enseignement primaire. En effet, les nombreuses familles aisées effectuaient, en outre, des dépenses importantes. L'État de Piaui, où le revenu n'était que de 1586 cruzeiros et où les jeunes étaient beaucoup plus nombreux ne pouvait consacrer qu'une faible fraction de cette somme à l'enseignement.

Répartir également les ressources entre les riches et les pauvres pour donner à tous une instruction intermédiaire entre celle que peuvent acheter les 12.000 cruzeiros du pauliste, et celle qu'autorisent les 1.586 cruzeiros de l'habitant du Piaui ne ferait que nuire au développement de la partie évoluée du pays, sans fournir à la partie la moins évoluée une impulsion suffisante pour transformer les structures archaïques. Au prix d'un très lourd effort, la dépense moyenne par élève atteint au Brésil 622 cruzeiros. Si elle était également répartie dans tout le pays, elle serait très loin en mesure de permettre le minimum d'instruction nécessaire à la société évoluée.

Il est moralement et, sans doute aussi, politiquement impossible que le Gouvernement de la nation accepte d'établir des différences entre les diverses régions en se désintéressant des régions attardées, pour assurer aux régions déjà relativement développées l'enseignement prolongé que le maintien et la poursuite de leur développement rendent nécessaire.

- **Nécessité de l'autonomie régionale en matière d'instruction publique dans la structure sociale dualiste**

Pour éviter un impossible choix, le Gouvernement fédéral du Brésil a adopté la seule solution qui ne soit pas absurde : laisser aux divers États le soin d'organiser l'enseignement primaire, d'accord avec leurs besoins et leurs possibilités propres. Le Gouvernement fédéral. Il se limite, en effet, à fixer les normes générales d'instruction pour tout le Brésil et à exiger que chaque État consacre un pourcentage minimum de son budget (pourcentage élevé) pour réaliser les buts fixés. L'obligation scolaire très réduite n'est, d'ailleurs, que de quatre années.

La responsabilité d'organiser cet enseignement retombe sur les États, à qui le Gouvernement fédéral n'apporte qu'une aide très réduite, en matière de constructions scolaires. Bien entendu, tandis que les ressources de la société évoluée lui permettent de dépasser les normes insuffisantes fixées par la fédération, les ressources très faibles de la société archaïque ne lui permettent pas de les atteindre. La plus grande inégalité règne entre les deux sociétés, mais le Gouvernement a dégagé sa responsabilité.

L'État de Saint-Paul parvient non seulement à satisfaire l'exigence nationale d'une scolarité de quatre années, mais à la dépasser de beaucoup d'années ; il n'y a, dans l'État, que 870.000 enfants en âge scolaire et les écoles reçoivent plus d'un million d'élèves. Une certaine décentralisation à l'intérieur de l'État parvient, d'ailleurs, à concentrer des efforts particulièrement efficaces, sur les zones les plus favorisées; les municipalités des régions les plus riches prolongent localement la scolarité. L'État de Saint-Paul, où le pourcentage des adultes est relativement élevé, peut avoir des professeurs de qualité et de bonnes écoles, sans consacrer à l'enseignement plus de 10 % de son budget.

Par contre, un État, tel que le Maranhâo, dans le nord du Brésil, ne parvient qu'à consacrer 200 cruzeiros par élève, alors que Saint-Paul en consacre 2.500, et pour y parvenir, il doit employer — charge invraisemblablement lourde — 25% de son budget à l'enseignement primaire. Même à ce prix, le Maranhâo ne peut recevoir dans ses écoles qu'une faible partie des enfants, dont une fécondité incontrôlée multiplie le nombre.

L'opposition est saisissante entre le nord et le nord-est qui, dans l'ensemble, constituent la zone de structure archaïque, et le sud, qui, dans l'ensemble, reste la zone de structure évoluée. À Saint-Paul, à Rio de Janeiro, le nombre d'enfants à l'école est très supérieur par rapport à celui de l'obligation scolaire de quatre années recommandée pour y maintenir; dans les zones de structure archaïque, il est très inférieur : 150.000 enfants à l'école sur 311.000 qui devraient y être dans le Ceará, 201.000 sur 560.000 à Bahia. Ces chiffres sont très théoriques, car, dans ces régions, la majeure partie des enfants qui s'inscrivent à l'école n'y demeurent pas; en 1955, 2.200.000 enfants s'étaient inscrits en première année, il n'en restait que 268.000 en quatrième année.

- **Dangers de l'autonomie régionale**

Le résultat a montré que les régions les plus développées parviennent à obtenir la population relativement instruite dont elles ont besoin pour poursuivre leur développement et que, grâce à cette population, la croissance économique du pays, concentrée dans ces régions, est rapide. Mais, le résultat souligne que le pourcentage des analphabètes dans la population atteint jusqu'à 75 % dans le faciès archaïque de la société dualiste, tandis qu'il est réduit à moins de 15 % dans le faciès le plus évolué, dans la ville de Rio de Janeiro, par exemple.

La décentralisation d'un enseignement primaire, par laquelle le pourcentage excessif des enfants, dans la population, rendrait impossible de distribuer à tous, permet de doter une partie du pays de moyens de scolarisation efficaces, sans que le sacrifice de l'autre, justifié au nom des libertés locales, apparaisse scandaleux. Mais, le système aboutit à consacrer l'existence de la société dualiste et à accroître les différences qui séparent les deux faciès.

Les dangers d'une fécondité, incapable d'assurer, à la totalité des enfants du pays âgés de 6 ou 7 ans, l'instruction primaire minimum pour un pays en voie d'évolution rapide, sont évidents. Les succès d'une politique de développement ne peuvent pas se mesurer à la seule croissance du revenu par tête moyen de la population; du fait que l'existence de très grandes disparités, dans les niveaux de vie, dans les structures sociales et dans les modes de vie, constitue un indice du sous-développement plus caractéristique qu'un faible revenu par tête. Il est, sans doute vain d'espérer que le développement économique d'un pays puisse s'étendre rapidement à l'ensemble du territoire, car, le déséquilibre est d'autant plus inévitable que le développement est plus rapide. De savantes planifications peuvent, peut-être, multiplier des pôles de développement économique et atténuer faiblement la rigidité des frontières entre la société évoluée et la société archaïque, mais il n'est pas d'exemples historiques, dans une phase d'évolution rapide, de distribution égalitaire du développement économique à l'ensemble du territoire.

- **L'exemple de la France**

Par contre, des systèmes d'instruction publique de qualité sont aptes à empêcher que l'inévitable inégalité du développement économique conduise à la formation de sociétés dualistes. L'instruction publique généralisée est l'instrument pour diffuser l'ensemble des traits culturels non économiques accompagnant le développement économique en dehors des zones où se concentre ce développement. L'exemple de la France, dans ce domaine, est caractéristique : du point de vue de son développement économique, le territoire national est déséquilibré et il est coutumier d'opposer, à une France développée du nord de la Loire, à une France sous-développée au sud de la Loire. L'opposition n'est valable que du point de vue d'une conception purement économique du développement. Si l'on prend, en effet, les indices non économiques du développement, en particulier, fécondité et mortalité contrôlées, alphabétisation complète, etc., il n'est pas de différence sensible entre le nord et le sud de la Loire; il arrive même que certains des départements les plus anciennement développés — Nord ou Pas-de-Calais — se présentent, du point de vue de ces indices non économiques, comme très faiblement développés, par rapport à des départements économiquement faibles, du Centre ou du Sud-ouest. Il est difficile de démontrer quel a été exactement le rôle d'une instruction primaire également répartie dans cette diffusion générale des bienfaits sociaux du développement; mais, il est plus difficile encore de contester que cette instruction publique généralisée soit indispensable pour éviter la formation d'une société dualiste; elle l'est d'autant plus que l'inégalité du développement économique favorise davantage la formation de cette société dualiste.

- **Conclusion**

Dans la phase du développement, la composition par âge résultant d'une fécondité incontrôlée et d'une mortalité contrôlée rend fort difficile la distribution générale d'une instruction publique efficace; elle tend à retarder l'intégration du faciès archaïque de la société dans le faciès évolué et constitue ainsi un obstacle au développement équilibré du pays, même lorsqu'il est possible d'assurer un développement économique rapide. La nécessité primordiale de faire la plus large place à l'instruction publique, dans toute politique de développement, peut contraindre à envisager le recours à une politique démographique, alors même qu'elle ne serait pas économiquement nécessaire, s'il n'est pas d'autres moyens d'élargir assez rapidement le goulot d'étranglement qui résulte de l'absence de scolarisation ou de la mauvaise scolarisation d'une partie importante de la population.

Les sources et freins du développement
Pays en développement
Pays moins développé économiquement

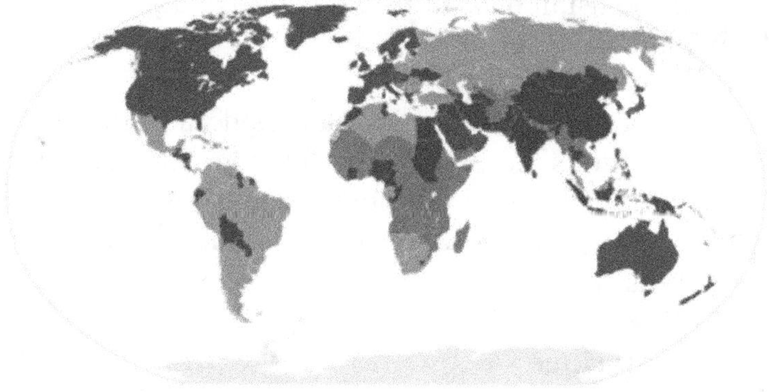

Carte économique du Monde en 2006.
□Pays à hauts revenus
□Pays à revenus moyens-supérieurs
□Pays à revenus moyens-inférieurs
□Pays à bas revenus

Dans la typologie la plus courante, les pays en développement ou pays du Sud sont des pays moins développés économiquement que les pays sous-développés ou pays développés remplacent des dénominations antérieures, jugées inadéquates, obsolètes ou incorrectes : les pays du Tiers-Monde, les pays sous-développés. Elle s'est substituée à « pays en voie de développement ».
Les pays en développement sont, selon certains auteurs comme Walt Whitman Rostow, les pays en transition des multiples modes de vie traditionnels vers le mode de vie moderne à partir de la révolution industrielle en Angleterre aux XVIIIe et XIXe siècles.

Les pays les moins avancés (PMA) ne constituent pas une catégorie distincte : la plupart des PMA sont des pays en développement, des pays engagés dans un processus de développement ; en témoigne l'évolution de leur IDH. Ils présentent néanmoins un développement économique inférieur à celui des autres pays en développement, ce qui justifie leur inclusion dans la liste des PMA, laquelle est établie par la CNUCED.

Dans l'édition 2016 de ses indicateurs de développement, la Banque mondiale a, pour la première fois, renoncé à distinguer les « pays en développement » des « pays développés ». Une catégorisation est devenue obsolète selon l'institution.

- **Historique**

Le 20 janvier 1949, dans son discours sur l'état de l'Union, le président des États-Unis, Harry Truman, utilise, pour la première fois, le terme « sous-développé », ainsi que le terme « développement », pour justifier l'aide aux « régions sous-développées » dans le cadre de la lutte contre le communisme et contre la doctrine Truman. Il y déclara être du devoir des pays développés de diffuser leurs connaissances techniques et leur assistance aux pays en développement, pour que les niveaux de vie convergent vers les niveaux occidentaux :
« *Il nous faut lancer un nouveau programme qui soit audacieux et qui mette les avantages de notre avance scientifique et de notre progrès industriel au service de l'amélioration et de la croissance des régions sous-développées. Plus de la moitié des gens dans le monde vit dans des conditions voisines de la misère. Ils n'ont pas assez à manger. Ils sont victimes de maladies. Leur pauvreté constitue un handicap et une menace, tant pour eux que pour les régions les plus prospères. (...) Je crois que nous devons proposer aux peuples qui recherchent la paix les bénéfices de toutes nos connaissances techniques pour les aider à répondre à leurs aspirations pour une vie meilleure. Et, en coopération avec d'autres nations, nous devons encourager les investissements en capitaux dans les régions qui ont besoin de développement* ».

Une partie des pays sous-développés ont été des colonies, puis au cours des années 1940 à 1960, ont vécu la décolonisation. L'objectif d'assistance aux pays les plus pauvres prend alors le relai de la mission civilisatrice liée à la colonisation qui était celle des pays de la vieille Europe.

Certains pays, qualifiés de pays émergents, sont en train de s'extraire rapidement de leur situation de sous-développement, avec une hausse rapide du niveau de vie moyen, par exemple la Chine et le Brésil. Les quatre dragons asiatiques --- Corée du Sud, Hong Kong, Taïwan et Singapour.

L'émergence des exigences de développement durable tend à élargir la vision purement économique du niveau de développement à des critères environnementaux et sociaux. On parle aussi de pays du Sud et de pays du Nord, ces derniers sont invités à revoir leur mode de vie vers le plus de durabilité.

- **Typologie des pays et appellations**

L'ensemble des pays en développement n'est absolument pas homogène, leurs niveaux de développement sont très variés. Le terme fait, en général, référence à tous les pays sauf les pays développés.
Le terme *pays en voie de développement* n'est qu'une appellation parmi tant d'autres pour désigner un même type de problèmes. La manière de désigner lesdits pays change selon l'angle sous lequel on les aborde et selon les solutions envisagées pour remédier à leurs problèmes. Chacun de ces termes a des significations au-delà de son apparence première.

- **Concept, nature et finalité du développement**

Bien qu'une bonne partie du monde semble aspirer au développement, le terme lui-même est critiqué par certains qui le considèrent comme trop centré sur les sociétés occidentales. En effet, Harry Truman, dans son discours sur l'état de l'Union de 1949, proposait d'élever le niveau de vie des pays ayant besoin d'aide pour accroître leur activité industrielle sur le modèle des États-Unis:

« *Avec la coopération des forces économiques, des capitaux privés, de l'agriculture, et des travailleurs de ce pays, ce programme peut accroître significativement l'activité industrielle dans d'autres nations et peut élever substantiellement leurs niveaux de vie* ».

Cependant, une contradiction existe, lorsque l'on emploie une expression -implicitement des pays du Sud étant capables d'atteindre le niveau de développement des pays du Nord. En réalité, l'on sait pertinemment que tous les habitants de la planète ne peuvent pas adopter le mode de vie des Occidentaux. En effet, si tous les habitants de la terre avaient le mode de vie d'un Occidental, il serait nécessaire de disposer de plusieurs planètes comme la Terre pour satisfaire les besoins de tous. En termes d'empreinte écologique, selon les chiffres du WWF, l'empreinte moyenne d'un Américain du Nord en 2008 est de 9,4 hectares, pour une bio capacité par habitant de 2,1. Pour résoudre ce contraste, il est nécessaire de revoir le mode de vie occidental dans le sens d'une diminution de l'empreinte écologique.

Les catégories utilisées, lorsqu'il est question de pays en développement, font référence aux objectifs et aux concepts de ceux qui les utilisent. Ainsi, si l'on parle de pays en développement, cela peut être à des fins descriptives (donner un aperçu objectif de la situation) ou à des fins normatives (porter l'interlocuteur à agir pour régler une situation). On parle aussi de nations de la périphérie, de pays du Tiers-monde ou de pays non industrialisés. On retrouve le concept de pays en voie de développement, sous une appellation ou une autre, dans de nombreux systèmes théoriques ayant des orientations diverses, ce sont, par exemple, les théories de la décolonisation, la théologie de la libération, le marxisme anti-impérialiste, l'économie politique.

- **Mesure du développement**

Le terme développement, dans le cas présent, est souvent pris comme un raccourci pour le développement économique, mais il concerne aussi le développement humain, c'est-à-dire d'autres paramètres pouvant être considérés positifs pour la société (éducation, santé, espérance de vie...).

On mesure le développement d'un pays à partir d'indices statistiques, tels que l'indice de développement humain (IDH), le revenu par habitant, le taux d'analphabétisme, l'accès à l'eau... L'indice de développement humain (IDH) est un indice statistique composite, créé par le Programme des Nations unies pour le développement (PNUD) en 1990, évaluant le niveau de développement humain des pays du monde. Il prend en considération l'espérance de vie à la naissance, le niveau d'étude et d'instruction et le revenu par habitant. L'indicateur précédent utilisé, le PIB par habitant, ne donnant pas d'informations sur le bien-être individuel ou collectif, mais n'évaluant que la production économique.

Les États membres de l'ONU se sont donné pour obligation de réaliser, d'ici 2015, une série d'objectifs, dits Objectifs du millénaire pour le développement consistant en engagements précis et mesurables centrés sur un certain nombre d'indicateurs évaluant la réduction de la pauvreté, l'accès à l'eau, à l'éducation, à l'autonomie pour les femmes, le développement durable, le combat contre le VIH, l'amélioration de la santé maternelle, la réduction de la mortalité infantile et la mise en place d'un partenariat mondial pour le développement. L'assemblée générale des Nations Unies a officiellement adopté les objectifs de développement durable pour 2030, qui succèdent aux objectifs du millénaire pour le développement arrivant à échéance, vendredi 25 septembre 2015, à l'occasion de l'ouverture de la 70e assemblée générale de l'ONU et du sommet sur le développement durable. « L'agenda 2030 est une promesse faite par les dirigeants aux peuples partout dans le monde. Il contient l'urgence d'une action sur le climat. Le test de confiance sera sa mise en œuvre. Les 17 ODD, les objectifs de développement durable, sont notre guide, notre '*to do list*' pour les peuples et la planète », souligne Ban Ki-moon, secrétaire général de l'ONU lors de la plénière d'ouverture.

Certains chercheurs en économie du développement, tel Theodore Schultze, prix Nobel en 1979, avaient constaté qu'un agriculteur alphabétisé, dans les pays en développement, est plus productif qu'un agriculteur analphabète, aussi préconisent-ils l'investissement en « capital humain » (éducation, santé) comme moyen efficace pour leur développement économique. D'autres auteurs, tel Mohammed Tamim, estiment que le développement économique est mesurable à l'échelle universelle au seul niveau d'éducation de la maternelle à l'université. Ils ont, en effet, constaté que le niveau d'éducation est élevé, quand le niveau de développement l'est également. Aussi en tirent-ils une loi, selon laquelle le taux de scolarisation est proportionnel au taux de développement économique et inversement proportionnel au taux de croissance démographique. Dans ce but, le développement économique est mesuré par la proportion de la population active dans les secteurs modernes et l'espérance de la vie à la naissance. Ainsi, le Take Off de Walt Whitman Rostow (une petite traduction) ne pourrait se déclencher dans un pays, tant que sa population ne serait pas en totalité dotée d'un haut niveau d'éducation tant scientifique qu'encyclopédique. Ce qui nécessite l'organisation d'un programme mondial de scolarisation, conditionné lui-même par un autre programme mondial de contrôle des naissances et la mise en place d'une organisation mondiale pour la mise en pratique de cette stratégie de développement.

Selon les théories ci-après, le sous-développement, ou le mal-développement d'un pays s'explique par :

- les attitudes et aptitudes **intrinsèques** :
  - un État en situation de déliquescence ;
  - les freins à l'activité économique et à l'investissement ;
  - les aptitudes et comportements de ses élites et de ses dirigeants (détournement de l'aide au développement à des fins personnelles, corruption...) ;
  - les structures juridiques et institutions, le non-respect de l'État de droit ;
  - le capital humain de la population (éducation).
- des éléments **extrinsèques** :
  - les guerres et les bombardements effectués par les pays développés ou par les pays alentour (cas du Vietnam, du Cambodge...) ;
  - un intérêt géopolitique ou commercial qu'il crée auprès d'autres pays ;

- place du pays au sein d'un système historique et politique relevant tant de son inscription géographique que culturelle ;
- manque d'intérêt et de compréhension des entreprises multinationales pour les dynamiques spécifiques au pays ;
- évolution défavorable des termes de l'échange, et pertes de revenu liées à la baisse des prix des exportations (le plus souvent des matières premières).

- *Regards sur l'éducation 2017*
- *Les indicateurs de l'OCDE*

Les diplômés des filières scientifiques bénéficient des meilleures perspectives d'emploi, même si certains domaines sont plus porteurs que d'autres.

Dans la plupart des pays de l'OCDE, les domaines du commerce, de l'administration et du droit calculent le pourcentage le plus important d'adultes diplômés de l'enseignement tertiaire. En moyenne, dans les pays de l'OCDE, 23 % des 25-64 ans sont ainsi diplômés de l'un de ces trois domaines d'études, contre 5% en sciences naturelles, statistiques et mathématiques, 4% en technologies de l'information et construction. Les pourcentages sont similaires parmi les nouveaux inscrits dans l'enseignement tertiaire, signe que l'intérêt, pour ces domaines, reste stable.

Toutefois, l'intérêt pour les sciences, la technologie, l'ingénierie et pour les mathématiques (STIM) augmente, avec l'élévation du niveau d'enseignement, le pourcentage d'étudiants diplômés desdits domaines représentant en 2015près du double en doctorat qu'en licence. En outre, ces domaines sont prisés parmi les étudiants en mobilité internationale, le plus grand nombre d'entre eux (près d'un tiers de ceux qui suivent une formation dans les pays de l'OCDE) choisissant un cursus scientifique.

L'intérêt pour l'ingénierie est plus fort dans la filière professionnelle du deuxième cycle de l'enseignement secondaire que dans l'enseignement tertiaire en raison de l'existence de liens solides entre ces formations professionnelles et le secteur de l'industrie. Environ un tiers des élèves diplômés de la filière professionnelle du deuxième cycle de l'enseignement secondaire le sont à l'issue d'une formation en ingénierie, industries de transformation et construction – soit plus du double du pourcentage observé dans l'enseignement tertiaire.

Les domaines des STIM bénéficient aussi de meilleurs taux d'emploi, qui reflètent la demande d'une société de plus en plus axée sur l'innovation : les diplômés en technologies de l'information et de la communication (TIC) peuvent s'attendre à un taux d'emploi supérieur de 7 points de pourcentage à celui des diplômés en lettres et arts, ou en sciences sociales, journalisme et information. Parmi les domaines scientifiques, les taux d'emploi sont, cependant inégaux, parce que les diplômés en sciences naturelles, mathématiques et statistiques sont plus susceptibles d'avoir des taux d'emploi similaires à ceux des diplômés en lettres et arts – tous deux inférieurs à ceux dont bénéficient les ingénieurs ou les spécialistes des TIC.

La parité des taux d'obtention des diplômes entre les sexes reste un rêve lointain dans certains domaines d'études, en particulier dans la filière professionnelle du deuxième cycle de l'enseignement secondaire. Cette parité s'améliore dans l'enseignement tertiaire, bien que les femmes ne représentent toujours qu'un nouvel inscrit sur quatre environ dans les formations en rapport avec l'ingénierie, les industries de transformation et la construction. Parallèlement, près de trois nouveaux inscrits sur quatre dans les domaines de la santé et de la protection sociale sont des femmes. D'autres domaines – tels que le commerce, l'administration et le droit, ou les sciences naturelles, les mathématiques et les statistiques – sont presque parvenus à la parité entre les sexes parmi leurs nouveaux inscrits.

- **Dans l'ensemble, le niveau de formation des adultes de nos jours a augmenté, mais certains sont encore laissés pour compte.**

Depuis 2000, le niveau de formation de la main-d'œuvre des pays membres ou partenaires de l'OCDE a augmenté. Alors qu'en 2000, la majorité des jeunes adultes était diplômée du deuxième cycle de l'enseignement secondaire, aujourd'hui, la plupart des 25-34 ans sont diplômés de l'enseignement tertiaire. Le pourcentage de jeunes adultes non diplômés du deuxième cycle de l'enseignement secondaire a également diminué dans la majorité des pays membres ou partenaires de l'OCDE, s'établissant en moyenne à 16% en 2016 dans les pays de l'OCDE. Si les adultes sont désormais plus nombreux à atteindre le deuxième cycle de l'enseignement secondaire, la réussite de ce niveau de formation reste problématique. Dans les pays dont les données de cohorte effective sont disponibles, environ 25% d'élèves inscrits à ce niveau n'ont pas obtenu leur diplôme deux ans après la fin théorique de la formation ; parmi ces élèves, quatre sur cinq ne sont plus scolarisés. À ce stade de la scolarité, cette perte est lourde de conséquences, puisque le taux de chômage des jeunes adultes (25-34 ans) non diplômés du deuxième cycle de l'enseignement secondaire est proche de 17%, contre 9% pour les diplômés de ce niveau d'enseignement.

Les adultes diplômés de l'enseignement tertiaire bénéficient d'un retour sur investissement substantiel : ils sont plus susceptibles de 10 points de pourcentage d'occuper un emploi et ils auront, en moyenne, des revenus de 56% plus élevés que les adultes seulement diplômés du deuxième cycle de l'enseignement secondaire. Ils sont également les premiers à se rétablir en cas de dégradation de la conjoncture économique, car, les taux d'emploi des jeunes adultes diplômés de l'enseignement tertiaire sont revenus à leur niveau d'avant la crise, tandis que ceux des jeunes adultes non diplômés du deuxième cycle de l'enseignement secondaire restent en retrait. En outre, les adultes diplômés de l'enseignement tertiaire sont moins susceptibles que leurs pairs moins instruits de souffrir de dépression. Pour toutes ces raisons, les jeunes adultes sont, de plus en plus, enclins à poursuivre leurs études en vue d'améliorer leurs qualifications au lieu d'entrer directement sur le marché du travail à la fin de leur scolarité obligatoire. Entre 2000 et 2006, le pourcentage des 20-24 ans encore scolarisés a augmenté de 10 points de pourcentage, tandis que celui des 20-24 ans occupant un emploi a diminué de 9 points de pourcentage.

- **Les dépenses totales au titre de l'enseignement tertiaire dépassent désormais les taux de scolarisation.**

Les dépenses ont augmenté à un rythme bien plus soutenu que les taux de scolarisation, et ce à tous les niveaux d'enseignement, en particulier dans l'enseignement tertiaire. Les dépenses au titre des établissements d'enseignement primaire, secondaire et postsecondaire non tertiaire ont augmenté de 4% entre 2010 et 2014, bien que les taux de scolarisation aient connu un léger recul durant cette même période. En revanche, les dépenses totales au titre des établissements d'enseignement tertiaire

ont plus que doublé par rapport aux taux de scolarisation durant la même période, reflétant la priorité accordée à l'enseignement supérieur par les pouvoirs publics et la société.
Si les dépenses publiques au titre des établissements d'enseignement du primaire au tertiaire ont nettement augmenté, elles n'ont, en moyenne dans les pays de l'OCDE, pas suivi la hausse du PIB entre 2010 et 2014, entraînant une diminution de 2% de ces dépenses en pourcentage du PIB durant cette même période. De même, dans la moitié des pays de l'OCDE, la part des dépenses publiques d'éducation du primaire au tertiaire dans les dépenses publiques totales a diminué entre 2010 et 2014.

La part du financement public est significativement plus élevée pour la scolarité obligatoire que pour l'enseignement tertiaire. Alors que le secteur public finance encore l'enseignement primaire, secondaire et post-secondaire non tertiaire à hauteur de 91%, il ne pourvoit qu'à environ 70% des dépenses totales dans l'enseignement tertiaire. C'est donc aux ménages qu'il revient de payer le reste de la note. Toutefois, la part du financement public dans les dépenses au titre des établissements d'enseignement est, dans l'ensemble, restée stable entre 2010 et 2014 à tous les niveaux d'enseignement.

- **La profession enseignante pâtit du manque d'attractivité des salaires et du vieillissement du corps enseignant.**

Si les enseignants constituent l'épine dorsale de tout système d'éducation, la profession est, pourtant, de moins en moins attractive auprès des jeunes étudiants et le corps enseignant vieilli, en particulier dans les niveaux supérieurs d'enseignement. En 2015, dans les pays de l'OCDE, en moyenne 33% d'enseignants de l'enseignement pri-

maire à l'enseignement secondaire étaient âgés de 50 ans ou plus, soit une hausse de 3 points de pourcentage par rapport à 2005. Par ailleurs, la profession reste largement dominée par les femmes, qui représentent sept dixièmes du corps enseignant, en moyenne, dans les pays de l'OCDE. La parité hommes-femmes s'améliore dans les niveaux supérieurs d'enseignement, parce que les femmes représentent 97% du corps enseignant dans l'enseignement pré-primaire, contre 43% dans l'enseignement tertiaire.
Le salaire des enseignants est faible par rapport à celui d'autres actifs occupés à temps plein ayant un niveau de formation similaire, ce qui peut clairement réduire l'attractivité de la profession auprès des jeunes. Si le salaire des enseignants augmente avec l'élévation du niveau qu'ils enseignent, il ne représente néanmoins qu'entre 78 % et 94 % du salaire d'autres actifs occupés à temps plein diplômés de l'enseignement tertiaire. La crise économique de 2008 a eu une incidence directe sur le salaire des enseignants, soumis à un gel ou une réduction dans certains pays. Entre 2005 et 2015, le salaire statutaire des enseignants a diminué en valeur réelle dans un tiers des pays et d'économies dont les données sont disponibles.

- **République du Congo, exécution des dépenses du secteur de l'éducation comparativement aux dépenses de la Force publique (Armée, gendarmerie, police) et de la sécurité**

Analyse statistique de la série budgétaire des ministères
des Enseignements et de la Sécurité.

Tableau 1. Budget exécuté de la formation et de la sécurité entre 2009 et 2018 (milliards de FCFA)

	Budget exécuté	
Année	**Formation**	**Sécurité**
2009	91 972 035 641	136 635 172 365
2010	117 453 623 985	140 711 677 897
2011	127 505 046 672	195 142 634 058
2012	168 642 030 493	189 234 621 547
2013	185 795 210 172	283 489 570 357
2014	503 050 169 462	505 389 120 675
2015	279 103 123 123	306 032 480 402
2016	236 722 024 877	350 144 352 954
2017	228 166 969 944	295 170 647 319
2018	219 674 243 811	225 820 288 815

Source : auteur à partir des données du MFB

Tableau 2. Statistiques sommaires

Statistiques sommaires

	Formation	Sécurité
Moyenne	215 808 447 818	262 777 056 639
Écart-type	1,52851E+11	2,52379E+22
Min	107 092 168 634	133 222 352 268
Max	629 111 350 520	649 063 473 489

Source : auteur à partir des données du MFB

Graphique 1.Évolution des dépenses publiques en formation et sécurité

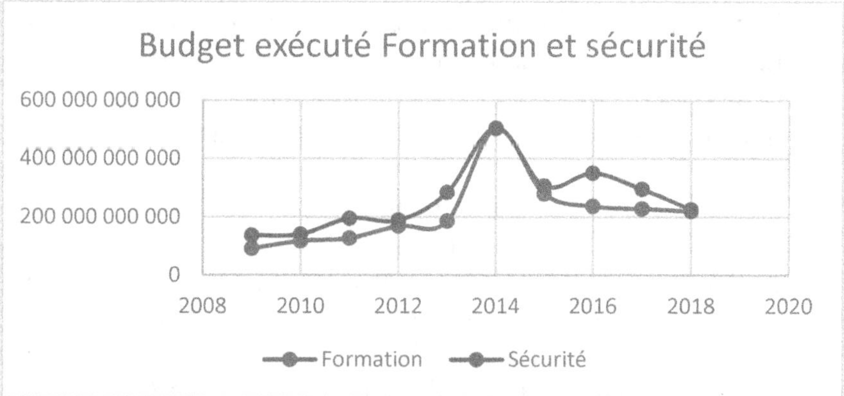

- **Légende des tableaux 1, 2 et le graphique 1**

L'analyse du graphique 1 montre que sur les huit (8) dernières années, les dépenses pour la formation ont été largement au-dessus de celles liées à la sécurité. À l'exception de l'année 2014 où les deux secteurs ont à effectuer presque le même niveau de dépenses (tableau n°2). Sur toute la période analysée, les dépenses de la sécurité, en moyenne, sont supérieures à celles de la formation. Rappelons que, par formation, on entend tous les ministères en charge de la formation, il s'agit des dépenses effectuées par le gouvernement pour la formation. S'appuyant par l'illustration graphique des données issues du ministère en charge des finances (Graphique 1), il apparaît clairement une baisse régulière mais relative des dépenses de sécurité depuis le milieu de l'année 2014. Les dépenses de la formation suivent également la même tendance mais pas avec la même ampleur. Il peut s'agir d'une des conséquences de la baisse des recettes publiques consécutives à la chute du prix du pétrole, la principale ressource naturelle du pays.

Source : données du Ministère des Finances et du Budget, 2019

- **Autres faits marquants**

En raison de la part moins importante des investissements publics dans l'éducation de la petite enfance, le pourcentage d'enfants scolarisés dans des établissements privés à ce niveau d'enseignement est considérablement plus élevé que dans l'enseignement primaire ou secondaire.

La filière générale du deuxième cycle de l'enseignement secondaire est plus prisée que la filière professionnelle à ce niveau d'enseignement : 37% des jeunes âgés de 15 à 19 ans suivent une formation en filière générale, contre 25% en filière professionnelle, bien que celle-ci constitue une composante essentielle du système d'éducation de nombreux pays.

Les aides financières permettent d'alléger la charge du montant élevé des frais de scolarité demandés par certains établissements d'enseignement tertiaire ; en Angleterre (Royaume-Uni), en Australie et aux États-Unis, au moins 75% des étudiants bénéficient de prêts publics ou de bourses/prêts d'études.

Des systèmes d'admission libres, dans les établissements d'enseignement tertiaire publics et/ou privés, sont en vigueur dans plus de la moitié des pays et économies dont les données sont disponibles. L'administration d'examens nationaux/centralisés vers la fin du deuxième cycle de l'enseignement tertiaire, constitue les processus de sélection les plus utilisés pour accéder aux programmes de premier diplôme du tertiaire.

PARTIE II :

CHAINONS À FORGER POUR ACCÉLÉRER LE DÉVELOPPEMENT ÉCONOMIQUE

Chapitre III
Comment améliorer les savoirs en matière de gouvernance ?

Section 1 : Qu'est-ce que la mal gouvernance ?

1. Comment sont apparus les problèmes de gouvernance dans les pays en voie de développement ?

La crise des dettes souveraines [1]et ses répercussions, dans les pays développés et en développement, ont relancé le débat sur la qualité de la gouvernance dans la gestion de celle-ci. Elle s'est déclenchée par la crise des "subprimes" aux États-Unis, dont les conséquences ont été ressenties dans une grande partie du monde. Après, s'en est suivi la crise grecque et européenne dont la cause est l'augmentation rapide des dettes souveraines. Ainsi, en fin 2014, les dettes publiques de la quasi-totalité des grands pays développés sont, à un niveau extrêmement élevé : elles s'élèvent à 251% du PIB au Japon, à 105% aux États-Unis, à 90% en Grande-Bretagne, à 94% dans la zone euro (75% pour l'Allemagne, 98% pour la France, 132% pour l'Italie) Grjebine (2015).

La tempête économique traversée par l'Union européenne depuis 2008 montre que la crise de la dette européenne est celle de la gouvernance Balilari (2012).

Par ailleurs, les finances publiques, dans les pays en développement, ont été marquées par un recours massif à l'endettement conjugué à des insuffisances en matière de

[1] Selon **Pébereau (2006)**, la dette souveraine ou dette publique est la dette de l'État, c'est-à-dire l'ensemble des emprunts contractés par l'État (exemple des obligations d'État ou des bons du trésor), ainsi que celles des collectivités territoriales et des organismes de sécurité sociale.

gestion du portefeuille des emprunts publics. En effet, depuis l'intervention des politiques d'ajustement structurel, le niveau d'endettement a continué à progresser dans ces pays; une augmentation qui est davantage causée par une autonomisation de la dette due au poids de la charge d'intérêt. Ainsi, le niveau moyen des dettes, en Afrique subsaharienne, est passé de 25,2% du PIB en 2010 à 34,5 en 2015 et 52% en 2016 (FMI, 2016).

De même, au niveau des politiques internes, la mauvaise gestion de la dette publique, la mauvaise allocation des ressources, l'absence de discipline financière rigoureuse, etc.) n'ont fait que dégrader l'état des finances publiques de ces États. Cette faiblesse économique et financière a suscité un excès de l'endettement par rapport à leurs capacités à honorer leurs services de la dette. Ainsi, entre 1970 et 1979, leur dette totale se chiffrait à plus de 31 milliards de dollars US, représentant à peu près 80 % des exportations et 23 % du produit national brut. Mais, en 1980, les principaux indicateurs de la dette vont commencer à se détériorer de façon accélérée. À cette période, la dette totale de l'ensemble des pays en développement s'était établie à près de 150 milliards de dollars soit 196 % et 24 %, représentant respectivement les ratios de la dette et du service de la dette par rapport aux exportations.

Dans ces pays en développement, la défaillance en termes de la « qualité de gouvernance » a souvent été avancée comme étant la principale cause du sous-développement en général Acemoglu et al (2014). Désormais, la qualité de la gouvernance est pointée par les organismes internationaux comme le principal frein à la croissance économique et au développement.

Plus encore, les institutions internationales (le FMI et la BM) confrontées aux échecs répétés des programmes économiques et de développement ont fini par dénoncer le cadre politico-institutionnel défaillant et elles recommandent d'agir sur la manière de gouverner, car les réformes économiques seules ne suffissent pas. Selon elles, ce sont les déficiences d'ordre politique et social qui sont à l'origine de la plupart des problèmes économiques rencontrés en Afrique, en Amérique latine ou encore dans les pays de l'Est. Ces institutions financières ont pris conscience qu'un projet économique ne pouvait aboutir sans une légitimité politique et sociale ou une efficacité minimum des institutions politiques. Cependant, ne pouvant pas intervenir dans le champ politique, elles ont fait appel à la notion de gouvernance pour éviter de parler de réforme de l'État ou de changement social et politique, échappant ainsi aux accusations d'ingérence dans les politiques des pays emprunteurs. Ainsi, la bonne gouvernance fait partie des conditions indispensables pour se voir attribuer l'aide au développement ou pour s'endetter auprès des partenaires bilatéraux et sur les marchés financiers.

Au Congo, avec le contexte actuel de la baisse du prix du baril de pétrole, principal moteur de l'économie, le pays connaît une situation économique et financière difficile (Banque Mondiale ; 2016). La dette publique s'élève à plus 70 % du PIB à la fin de 2016[2], se situant ainsi au-dessus des 70% retenus par la CEMAC comme critère de convergence. La dette extérieure, qui représente environ 93 % de la dette totale, est en augmentation continue depuis l'atteinte du point d'achèvement de l'Initiative PPTE en 2010. Elle représentait alors 20 % du PIB pour at-

---

[2] Toutes les données chiffrées ci-après ont pour source le document ''Perceptives Economiques en Afrique'' élaboré conjointement par la DAD, OCDE, le PNUD en 2017.

teindre 36.5 % en 2014 et 52.2 % en 2016. Cette hausse s'explique principalement par la poursuite des emprunts et dans une moindre mesure par la détérioration des termes de l'échange et la dépréciation du FCFA par rapport au franc français en 1994. Le risque de surendettement qui est à un niveau «modéré» pourrait augmenter à court terme. Cela met en lumière la nécessité pour le gouvernement d'adhérer à une politique d'endettement prudente pour éviter de compromettre la viabilité de la dette. À la fin de l'année 2016, la dette publique intérieure représente environ 7 % du PIB, constituée essentiellement des arriérés intérieurs. Selon les indicateurs de gouvernance dans le monde de 2015, publiés par la Banque mondiale, la performance du Congo reste nettement inférieure à la moyenne de l'Afrique subsaharienne (-0.80) dans la catégorie de l'efficacité du gouvernement avec un score de -1.02.

Il est à noter que l'aggravation d'endettement du Congo se situe dans un contexte marqué par de faibles performances en matière de gouvernance. En effet, selon le dernier rapport Mo Ibrahim[3] 2016 sur la gouvernance, le Congo occupe un rang particulièrement faible pour le critère « rendre des comptes », avec un score de 19 contre une moyenne de 35.1 pour l'Afrique. Le Congo figure ainsi parmi les dix derniers États du classement (44e rang sur 54 pays). Selon l'indice de perception de la corruption 2015 publié par Transparency International, le Congo occupe le 146e rang sur 168 pays dans le monde.

[3] L'indice Mo Imbrahim est utilisé comme instrument indirect de pression sur les gouvernements afin d'obtenir des avancées en matière de droit de l'homme, de mise en place d'institutions solides de lutte contre la corruption ou d'accès à des droits essentiels comme la santé et l'éducation.

Au regard de la fragilité des finances publiques résultant de la dégradation de la situation de la dette publique qui a atteint 110%[4] du PIB récemment et de la faible qualité de la gouvernance au Congo, la nécessité d'étudier la relation entre la qualité de la gouvernance et le niveau de l'endettement du Congo s'avère opportune ; cela justifie le choix de notre sujet.

2. L'incidence de la qualité de la gouvernance sur la dette publique

L'analyse de l'incidence de la qualité de la gouvernance sur la dette publique extérieure au Congo soulève plusieurs interrogations.

La première interrogation souligne que la qualité des institutions est un facteur important dans la gestion de la dette. Pour Acemoglu et al (2003), la qualité des institutions explique les faibles performances en matière de développement en Afrique. La gouvernance institutionnelle est appréciée au moyen de deux indicateurs (Banque mondiale, 2008). Le premier a trait à la maîtrise de la corruption et le deuxième à la qualité de l'administration. La maîtrise de la corruption est indispensable dans la mesure où elle peut amener un pays à s'endetter outre mesure. De même, une administration faiblement performante peut amener un pays à des conditions défavorables susceptibles d'aggraver la crise de la dette. Au Congo, avec le faible niveau de maîtrise de la corruption et une moins bonne qualité de la gouvernance, il est indispensable de s'interroger sur le rôle d'une telle qualité de la gouvernance sur la dette congolaise.

---

[4] Confère compte rendu de la mission du FMI du 25 septembre au 04 octobre 2017à Brazzaville

La seconde interrogation montre que la qualité de la gouvernance politique joue un rôle important dans l'endettement d'un pays. En effet, l'instabilité politique néfaste pour l'activité économique conduit un pays à s'endetter pour faire face à des dépenses budgétaires. De même, l'absence de liberté d'expression et de l'obligation de rendre compte inhibent toute discussion constructive sur l'endettement du pays. L'absence d'une obligation de rendre compte ne favorise pas la correction de trajectoire sur la nature de la dette et les conditions d'endettement si jamais la trajectoire empruntée n'est pas la bonne. Au Congo, les deux indicateurs de la qualité de la gouvernance politique sont faibles et leur niveau est très en deçà de la moyenne africaine. Dès lors, la question ici est de savoir si cette gouvernance n'est pas néfaste pour l'endettement du pays.

La troisième interrogation permet de justifier que la qualité de la gouvernance économique n'est pas neutre dans le processus d'endettement d'un pays. En effet, le respect, l'application effective des lois et le respect des droits de propriété sont des facteurs indispensables pour le développement de l'activité économique. Il en est de même de la facilité de faire des affaires. Ces facteurs améliorent la note du pays auprès des agences de notation et lui donnent la possibilité de s'endetter à de meilleures conditions. Lorsque cette gouvernance n'est pas bonne, la note du pays se dégrade. Dans cette perspective, dit pays emprunte à des conditions difficiles (à des taux élevés). Au Congo, la gouvernance économique demeure faible par rapport à la moyenne africaine. Dans ces conditions, il est important de se demander dans quelle mesure celle-ci affecte la dette du pays.

II Situation de la qualité de la gouvernance et de la dette

II. 1 Qualité de la gouvernance

L'intérêt croissant économique, dans les pays en développement et les économies émergentes que l'on constate depuis une quinzaine d'années, a entraîné une utilisation de la notion « gouvernance ». De nombreux investisseurs internationaux, agences nationales et multilatérales d'aide publique au développement, ainsi que des chercheurs et les médias mettent un accent particulier sur la qualité de la gouvernance dans ces pays. Ceci à de fins analytiques mais aussi pour guider les flux d'investissements et d'aide publique vers ces pays.

1.1 *Origine du mot gouvernance*

Dugrec Kurbernân (piloter un navire ou un char), il fut utilisé pour la première fois de façon métaphorique par Platon pour désigner le fait de gouverner les hommes. Il a donné naissance au verbe latin gubernare, qui revêtait les mêmes significations et qui, par le biais de ses dérivées, a lui-même engendré de nombreux termes dans plusieurs langues : en français (gouverner, gouvernement, gouvernance, etc.) ; en anglais (govern, government, governance, etc.).

En français,"gouvernance" a, d'abord, été utilisé au 13e siècle comme équivalent de "gouvernement" (art ou manière de gouverner), puis, à partir de 1478, pour désigner des territoires dotés d'un statut administratif particulier, et après la charge de gouvernance (1679), il est passé au 14e siècle dans la langue anglaise, donnant naissance au terme "governance" (action ou manière de gouverner). En France, parce qu'il était associé à l'Ancien Régime, ce terme était oublié. Le mot anglais governance a été remis à l'honneur dès la fin des années 1930 dans le contexte de l’entreprise. Les adeptes de la démocratie participative de proximité issue des mouvements sociaux urbains et des idéologies autogestionnaires des années 1960 et 1970 semblent ensuite avoir été les premiers à réutiliser la notion de gouvernance, mais sans utiliser le terme. Puis à partir de 1989, les grandes institutions d’aide au développement, la Banque mondiale spécialement, furent les agents décisifs de la vulgarisation du terme. La gouvernance a ensuite été annexée par les analystes universitaires de la mondialisation et des régimes internationaux, puis par la commission européenne. Cette résurrection du terme de gouvernance désigne toujours ‘’l’art ou la manière de gouverner mais avec deux préoccupations supplémentaires : d’une part, bien marquer la distinction avec le gouvernement en tant qu’institution ; d’autre part, sous un vocable peu utilisé, donc peu connoté, promouvoir un nouveau mode de gestion des affaires publiques fondé sur la participation de la ‘’société civile ‘’ à tous les niveaux, société civile et gouvernance allant de pair (Huynh- Quansuu, non daté).

Le terme de gouvernance est apparu à la fin des années 80 dans le vocabulaire de la Banque mondiale, à l'occasion des bilans sur les politiques d'ajustement structurel menées depuis 1980. En effet, confrontés aux échecs répétés des programmes économiques d'inspiration néolibérale mis en place par les institutions financières internationales dans un ensemble de pays en voie de développement, les experts incriminent le cadre politico institutionnel défaillant de ces pays et recommandent d'agir en amont sur leur mode de gouvernement. Le politique a donc bien vite été perçu comme un obstacle au bon fonctionnement des marchés, et d'une manière générale à la progression du libéralisme dans ces pays. Un volet "bonne gouvernance" a été introduit dans les programmes des organismes internationaux de financement.

La notion de gouvernance apparaît dans l'ensemble des documents de stratégies et est souvent présentée comme un défi à relever, comme une solution qui permettrait d'améliorer à la fois l'impact des politiques publiques de développement et la situation économique sociale, politique et environnementale des pays du Sud.

1.2 *Définitionde la gouvernance*

Il n'existe pas de définitions uniques de la gouvernance qui fasse l'objet d'un consensus, nous retenons celle à la fois suffisamment englobante et relativement précise proposée par le Programme des Nations Unies pour le développement (PNUD), pour la simple raison qu'elle émane d'une institution qui a la prétention de représenter la vision de l'ONU auprès des États en matière notamment de développement et de la gouvernance démocratique. Selon le PNUD (1997), la gouvernance est considérée comme l'exercice de l'autorité politique, économique, et administrative dans le cadre de la gestion des affaires d'un pays à tous les niveaux. Elle repose sur les mécanismes, processus et institutions complexes par le biais desquels les citoyens et les parties prenantes articulent leur intérêt, aplanissent leurs différences et exercent leurs obligations et leurs droits reconnus par la loi.

1.3 Mesure de la gouvernance

Aujourd'hui, mesurer la gouvernance importe tant au point de vue de la politique nationale, que des relations économiques internationales. En effet, les indicateurs de gouvernance peuvent permettre de mieux connaître les causes et les conséquences de la mauvaise gestion des affaires publiques. Ils peuvent aussi contribuer à faire pression sur les gouvernements et les sociétés pour qu'elles agissent bien.

Dans un nouveau rapport de recherche, Kaufmann, directeur du programme gouvernance mondiale à l'Institut de la Banque mondiale, et Kraay, économiste principal dans le Groupe de recherche de la Banque, proposent un tableau de bord à l'échelle mondiale, plus exhaustif, comprenant des indicateurs de gouvernance. Ce tableau de bord couvre 209 pays pour la période de 1996 à 2004. Ils ont développé et analysé six composantes chiffrables de la bonne gouvernance en prenant comme point de départ la fin des années 90 : 1. Être à l'écoute et rendre compte – mesure les droits politiques, civils et les droits de l'homme ; 2. Instabilité politique et violence – mesure la probabilité de menace de violence contre les gouvernements, voire la probabilité de leur renversement, y compris le terrorisme ; 3. Efficacité des pouvoirs publics – mesure la compétence de la bureaucratie et la qualité de la prestation du service public ; 4. Fardeau réglementaire – mesure l'incidence de politiques non favorables au marché ; 5. État de droit – mesure la qualité de la mise en application des contrats, la police et les tribunaux, y compris l'indépendance du judiciaire, et l'incidence de la criminalité ; 6. Maîtrise de la corruption – mesure l'abus des pouvoirs publics à des fins lucratives, y compris la grande et la petite corruption (et le détournement des biens de l'État par les élites).

L'un des premiers constats est qu'une amélioration dans un pays comme, par exemple, un écart type dans la qualité de l'État de droit (ou toute autre composante de la gouvernance, comme « être à l'écoute et rendre compte », ou encore « la maîtrise de la corruption ») peut, en moyenne, entraîner, à long terme, une augmentation de 300 pour cent du revenu par habitant.

Les deux indicateurs-clés le plus souvent pris en compte sont la démocratie et la corruption. Ainsi, pour venir financièrement en aide à un État aujourd'hui, certaines institutions examinent certains indicateurs avant de s'engager. Ce sont ces indicateurs liés à la démocratie et à la lutte contre la corruption. Car, la Banque mondiale n'est pas un organisme d'aide au développement, mais une banque qui, comme tout établissement financier, s'intéresse, avant tout, au bon placement de ses fonds. Il faut que les projets qu'elle finance atteignent leurs objectifs. Or, souvent des projets s'enlisent par la faute des pouvoirs publics locaux. Ainsi, certaines caractéristiques de la démocratie sont passées au peigne fin pour s'assurer que le climat est propice au développement social et économique.

a- La démocratie

Tout régime politique démocratique se caractérise par des élections au suffrage universel avec au moins deux partis politiques en concurrence, mais aussi tout régime intégrant les droits civils tels que la liberté de la presse, la liberté d'association et de manifestation, ou encore la liberté d'organisation politique.

Concrètement, les experts de ces institutions cherchent souvent:

- à connaître le mode d'élection du président, les mécanismes de mise en place de l'exécutif, ainsi que l'existence d'une règlementation des élections (notamment s'il existe une égalité dans les campagnes politiques) ;
- à vérifier le pouvoir électif des citoyens, c'est-à-dire si leur vote est réellement pris en compte et si le renouvellement des élus est régulier ;
- à s'assurer l'existence de la concurrence politique, c'est-à-dire si chaque personne a le droit de former un parti politique, même si elle est issue des groupes minoritaires, et

si ce parti à des chances de remporter une élection. Dans cette composante, est prise généralement en compte l'existence d'une opposition active ;
- à mesurer le degré de liberté accordée aux citoyens face aux dominations militaires, totalitaires ou dictatoriales.

En fait, il s'agit de s'assurer que les citoyens jouissent de liberté à tous les niveaux de la vie économique et politique. Pour aller au-delà des mots, les experts, dans leurs analyses, décomposent les libertés civiles en quatre parties: la liberté d'expression et de croyance, la liberté d'association et les droits d'organisation, l'État de droit et les droits de l'Homme; l'autonomie des personnes et les droits économiques.

La liberté des médias face au pouvoir en place ainsi que la liberté d'expression religieuse et l'existence d'institutions permettent de pratiquer la religion, l'existence des syndicats, des organisations politiques ou quasi politiques ainsi que toutes les libertés d'association, de manifestation et de discussion politique sont notées.
Les experts n'occultent pas l'indépendance de la justice, quand ils mesurent la bonne gouvernance. C'est pourquoi ils ont l'habitude d'apprécier la capacité de la justice à contrôler le gouvernement notamment en matière de corruption ou d'indifférence de l'État. L'égalité des citoyens devant la loi est également prise en compte, ainsi que l'existence d'une protection des citoyens contre la terreur politique, l'emprisonnement injustifié ou la torture (notamment pour les opposants).
La notation des libertés économiques des citoyens s'analyse par la liberté de mouvement, la sécurité des droits de propriété, la possibilité de faire des affaires indépendamment du gouvernement et par la liberté d'exploitation permettant des gains économiques.

b- Les mesures liées à la corruption

La corruption est une activité clandestine et le plus souvent illicite. Par conséquent, elle est très difficile à quantifier. Aujourd'hui, les indices de perception de la corruption sont le moyen le plus satisfaisant d'évaluer ce phénomène. Ils indiquent simplement à quel point un pays est estimé être corrompu. L'analyse des experts s'intéresse à toutes les variétés de la corruption (petite corruption, influence, corruption dans les contrats publics) et à leurs caractéristiques.

Bien qu'imprécis et imparfaits, les indicateurs et les bases de données sur la gouvernance permettent d'isoler les pays connaissant des problèmes de gouvernance et, parfois, d'identifier avec précision les carences existantes

II. 2. 1 Définition et bref aperçu des effets de la dette sur l'économie

L'État dispose de deux sources bien précises de financement: les impôts se rapportant au principe de la capacité contributive et les taxes prélevées en fonction du principe d'équivalence. Or, les revenus obtenus avec ces deux sources peuvent ne pas être suffisants pour couvrir les besoins financiers en fonctionnement et dans les investissements. Des déficits budgétaires apparaissent, lorsqu'il y a une différence entre les recettes de l'État et ses dépenses totales au cours d'une année. Ces déficits ne peuvent être couverts que par le recours à l'emprunt. Le cumul des emprunts donne lieu à la dette publique. Ainsi, la dette publique constitue un stock et le déficit un flux qui s'ajoute au stock de la dette impayée ou non amortie.

La dette publique est la dette de l'État, c'est-à-dire l'ensemble des emprunts contractés par l'État (exemple

des obligations d'État ou des bons du Trésor), ainsi que celles des collectivités territoriales et des organismes de sécurité sociale.
La dette publique extérieure désigne l'ensemble des dettes dues par un pays, un État à des prêteurs étrangers.

Il est important de différencier la dette extérieure brute (ce qu'un pays emprunte à l'extérieur) à la dette extérieure nette (différence entre ce qu'un pays emprunte à l'extérieur et ce qu'il prête à l'extérieur). Ainsi, le plus significatif est la dette extérieure nette.

Un niveau trop élevé de dette extérieure nette témoigne d'un risque-pays élevé : en cas de fluctuations de la devise nationale, les montants des intérêts et du principal de la dette extérieure, si elle est libellée en monnaie étrangère, peuvent devenir insupportables. Le niveau de la dette extérieure fait partie des risques financiers évalués par les agences de notation financière.

Lorsqu'un pays refuse de payer sa dette externe, il se trouve en défaut de paiement. Cette décision entraîne généralement une chute de confiance des créanciers publics et privés, qui seront ainsi découragés à accorder au pays concerné tout nouveau prêt et à investir dans le pays. Le défaut sur la dette permet peut-être d'améliorer la situation à court terme (en stoppant les flux de remboursement), mais il peut aggraver la situation économique du pays sur le long terme.

Les pays connaissant une grave crise économique peuvent recevoir l'assistance du Fonds monétaire international (FMI). Néanmoins, le FMI subordonne généralement l'obtention de ses prêts à des réformes structurelles, lorsqu'elles sont nécessaires, lesquelles sont supposées facili-

ter, selon lui, la reprise économique et la confiance des investisseurs étrangers (suppression des monopoles publics par la privatisation…) ; pour privilégier les dépenses prioritaires (éducation, achat de médicaments, etc.), le FMI incite parfois à un gel temporaire des salaires des fonctionnaires. Cela a toutefois des conséquences désastreuses dans les pays très pauvres comme par exemple la plupart des pays d'Afrique.
Avoir une dette brute par habitant très élevée n'est pas forcément un indicateur de problèmes économiques : la dette brute peut être contrebalancée par des créances plus élevées encore ; un pays peut être si florissant qu'il attire les investisseurs étrangers.

II.2. l'initiative pays pauvres très endettés et l'initiative d'allégement de la dette multilatérale

Dans les pays africains, l'endettement était une nécessité dans la mesure où la plupart de ces pays venaient d'avoir leur indépendance et avaient besoin de ressources pour financer les infrastructures et reconstruire l'administration publique laissée par les colons, tel est le cas du Congo. En effet, après le boom pétrolier des années 70, beaucoup de pays africains et en développement ont été confrontés à une crise de dette sans précédent après s'être endettés « facilement » auprès des pays producteurs de pétrole, qui disposaient d'importantes sommes d'argent, connus sous l'appellation de « pétrodollars ». Cela a conduit à une augmentation exponentielle de leur dette extérieure.
Le diagnostic du surendettement des pays à faible revenu (PFR) a été posé dès les années soixante par la CNUCED. Il a, cependant, fallu attendre une dizaine d'années pour que des réductions de dette soient accordées, d'abord, sur un point uniquement bilatéral et désorganisé, puis, de façon coordonnée au sein du Club de Paris. Les traitements dans ce sens sont devenus, de plus en plus, favorables: en

1988, le traitement dit de Toronto prévoyait une réduction de 33%du service de la dette bilatérale. Le traitement de Naples (1994) a porté cette réduction à 66%, en l'étendant à la totalité de l'encours de la dette bilatérale. Le pourcentage sera finalement porté à 90% (traitement de Cologne de 1990) et la plupart des créanciers décideront alors d'annuler le reste de la dette bilatérale.

Toutefois, les PFR subissaient toujours le poids de leur dette multilatérale, en grande partie contractée auprès du FMI, de la Banque Mondiale et de la Banque africaine de développement. En effet, malgré ces traitements bilatéraux, les organismes multilatéraux ont continué d'accorder des prêts concessionnels, dont les montants dépassaient largement ceux des dettes jusqu'alors annulées (Fasterly, 2002). Le G7 aussi en 1996 décida ainsi de rompre avec la doctrine qui rendait intangibles les dettes multilatérales pour mettre en place un programme d'allègement de dette destiné aux pays définis comme PPTE. Cette première initiative reposait sur les critères d'éligibilité assez stricts, qui seront allégés en 1999 pour engager une initiative PPTE renforcée, suivant la même logique.

Cependant, compte tenu des objectifs du millénaire pour le développement à l'horizon 2015 et de la pression croissante des ONG pour l'annulation de la dette des pays du Tiers-monde, le G8 décida en 2005 de lancer l'initiative d'allègement de la dette multilatérale (IADM). Cette initiative ne vise plus à réduire, mais à annuler la totalité de la dette multilatérale restante.

En effet, l'initiative pays pauvres très endettés est une initiative qui vise à assister les pays les plus pauvres du monde en rendant leurs dettes internationales « soutenables ». Le programme PPTE concerne 42 pays en septembre 2006, dont les trois quarts sont situés en Afrique subsaharienne.

Pour qu'un pays soit éligible à l'initiative PPTE et PPTE renforcée, il doit respecter quatre critères: n'être éligible qu'à une assistance concessionnelle de la part du FMI et de la Banque mondiale ; faire face à un niveau d'endettement insoutenable ; avoir parfaitement mis en œuvre des réformes et de saines politiques économiques dans le cadre de programmes soutenus par le FMI et la Banque mondiale ; avoir formulé un document de stratégie pour la réduction de la pauvreté (DSRP). Avant d'arriver au point de décision, le gouvernement doit appliquer pendant trois années le document de stratégie pour la réduction de la pauvreté . Ce document stratégique, malgré sa négociation entre le gouvernement et la société civile, se révèle agir comme les Programmes d'ajustement structurel (PAS).

Une réduction de la dette par la libération des ressources budgétaires initialement destinées au remboursement du service de la dette permettrait de créer un espace fiscal qui pourrait être réalloué à des dépenses porteuses de développement telles que les investissements publics en infrastructures.

En février 2010, les Conseils d'administration de la Banque mondiale et du Fonds monétaire international (FMI) avaient approuvé, respectivement le 26 et le 27 janvier, le dossier de la République du Congo relatif à l'allègement de la dette au titre de l'initiative en faveur des Pays pauvres très endettés (PPTE).

Le Congo devient ainsi le 28ème pays à atteindre le point d'achèvement de l'Initiative. La décision prise par les deux institutions va générer une épargne globale au titre du service de la dette d'un montant de 1,9 milliard de dollars américains, dont 1,7 milliard venant de l'Initiative renforcée en faveur des pays pauvres très endettés et 201,3 millions provenant de l'Initiative multilatérale d'allègement de la dette (IADM). En termes du poids de la dette, le stock global de la dette extérieure du Congo s'élevait fin 2004 (au moment du point de décision) à près de 9,2 milliards de dollars. En fin décembre 2008, le stock de la dette était de 5,6 milliards de dollars. Après le point d'achèvement, le stock de la dette devrait passer à 2,4 milliards de dollars.

La France a supporté l'essentiel de l'effort d'annulation de dettes consenti dans le cadre du Club de Paris. L'accord du 18 mars 2010, après celui conclu en décembre 2008, a permis au Congo de bénéficier de nouvelles annulations de dettes et d'un rééchelonnement bilatéral et multilatéral. Ainsi, ayant atteint le point d'achèvement de l'initiative PPTE, le 19 juillet 2010, 646 milliards d'euros de dette ont été annulés.

PARTIE III

LE QUATRIÈME SECTEUR DE L'ECONOMIE : LE SECTEUR ZÉRO, LE SAVOIR, RACINE ET SÈVE NOURRISSANTE DE L'ÉCONOMIE

Après avoir analysé les trois secteurs de l'économie définis par l'économiste Colins Klark, ce chapitre sera défini et expliqué par le quatrième secteur de base de l'économie, que nous dénommons « ***Le Secteur zéro de l'économie*** : *le savoir, racine et sève nourrissante de l'économie.* »

Définition du Secteur zéro de l'économie

(Quelques pistes de solution pour le développement des pays en voie de développement selon Serges IKIEMI).

Le quatrième secteur de l'économie repose sur le savoir de l'Homme.
Le savoir est la racine, la sève nourrissante et la base du développement économique. Voilà pourquoi, c'est sur *l'Homme intelligent* que tout projet de développement économique repose.

Le développement d'un pays dépend du *développement mental* de ses habitants.
Pour développer un pays, il faut commencer par un travail d'éveil des consciences en vue de la résurrection de la pensée intellectuelle de l'Homme.
La base doit être l'éducation, la formation afin de doter la population du savoir et d'une mentalité de développement ou d'un logiciel mental propice au développement. Ce logiciel mental peut être évalué en termes de giga (3, 4,5, *n giga…*).

La vitesse d'accès au développement dépend de la puissance intellectuelle de l'élite, de la vision des leaders, de la volonté politique de ceux-ci et de l'application de la bonne gouvernance dans ce pays.

Le secteur zéro a pour mission de doter son pays d'hommes intelligents.
L'Homme intelligent alimente la pensée intelligente du pays, le leader charismatique, le leader éclairé distille sa vision empreinte de patriotisme et de volonté politique pour un boosting économique :

1. La formation ;

2. Le savoir ;
3. L'éthique ;
4. Le patriotisme ;
5. Le travail (abnégation) ;
6. La bonne gouvernance ;
7. L'obligation de résultat.

III.1. Le meilleur moyen de cacher de l'argent à un Noir, c'est de le placer dans un livre

Les populations des pays en voie de développement baignent dans un niveau d'illettrisme exacerbé. L'intelligence, l'effort, le travail de qualité, la richesse et la réussite sont généralement perçus comme le résultat de la sorcellerie, étouffant ainsi toute volonté de réussir. Ce sont des indices probants de la pauvreté et du sous-développement mental.
Le Noir peut cohabiter avec des livres pendant plusieurs années sans jamais les ouvrir, au point où si un chèque de plusieurs milliards était caché dans un livre, il est peu probable qu'il le découvre.

Le Noir manque d'audace, il a peur de prendre le risque, il n'ose jamais tant dans le domaine de la recherche scientifique que dans le domaine de l'entrepreneuriat.

Son égoïsme intellectuel et matériel constitue un grand obstacle au développement.

Pour accéder au développement, les populations des pays sous-développés nécessitent un système d'éducation, de morale, de solidarité communautaire, d'éthique et de bonne gouvernance propice au développement :

- La formation qualifiante ;
- L'idéologie

- Une vision ;
- Un rêve économique ;
- La religion ;
- La croyance en soi ;
- L'amour du travail de la terre ;
- Le goût du risque pour le business ;
- Le sens du partage ;
- Le leadership.

III.2. Le Noir vu par le Juif : le Noir n'aime pas consommer la production des Noirs (pas de MWANA NGOOH).

LES NOIRS NE COMPRENNENT PAS LA NOTION DE RICHESSE, C'EST MATHÉMATIQUE

Vous vous demandez pourquoi les Noirs semblent si en arrière sur le plan économique ? Un élément de réponse d'après un penseur juif :
« La seule chose que les noirs comprennent est la consommation ».

Les Noirs ne comprennent pas l'importance de la création et de la construction de richesse. La règle fondamentale est de garder votre argent dans votre propre groupe racial.
Nous les juifs:
-construisons des entreprises juives ;
-embauchons les Juifs ;
-achetons juif ;
-et dépensons juif. Il n'y a rien de mal à cela, c'est une règle de base que les Noirs ne peuvent pas comprendre et suivre.

Ils tuent leurs compagnons noirs tous les jours au lieu de vouloir la réussite de ces derniers". 93% des Noirs tués en Amérique le sont par d'autres Noirs.
Leurs dirigeants volent leurs peuples et envoient l'argent à leur maître colonial dont ils empruntent le même argent. Chaque Noir qui réussit veut dépenser son argent dans le pays de ses maîtres coloniaux. Ils vont en vacances à l'étranger, achètent des maisons à l'étranger, vont pour les soins médicaux à l'étranger, au lieu de dépenser cet argent dans leur pays au profit de leur peuple.

Les statistiques montrent que l'argent du juif va de mains en mains 18fois avant de quitter sa communauté alors que pour les Noirs, il l'est probablement au maximum une fois ou même zéro. Seulement 6% de l'argent noir rentre dans leur communauté. Voilà pourquoi les Juifs sont en haut et les Noirs sont en bas de chaque échelle de société. Au lieu d'acheter:
-Louis Vuitton ;
-Hermès ;
-Voitures et maisons de luxe.
Les Noirs pourraient:
- Industrialiser l'Afrique ;
- Construire des banques et se débarrasser des institutions coloniales en les mettant hors des entreprises...
Les Noirs doivent assumer leurs responsabilités. Les Noirs doivent s'unir et avec force, lutter contre les dirigeants corrompus qui gouvernent leur pays, les mènent vers l'abime et courent vers le FMI, comme si le FMI était le père Noël.
Ils ont besoin de regarder vers l'intérieur, sinon ils seront continuellement colonisés et perdront à jamais leur place dans l'histoire.

Oublions un instant les fautes qui reviennent aux autres. Apprenons premièrement à corriger celles qui sont les nôtres!
Diffusez afin que cela serve de leçon pour la construction de nos nations.

III.3. La mentalité du Congolais et du Japonais pour et/ou contre le sous-développement

Si l'on considère le Japon et le Congo et s'il était donné la possibilité d'emmener tous les Congolais et les faire habiter au Japon, et que tous les Japonais viennent habiter au Congo pendant une ou deux décennies, l'économie du Congo connaîtra un essor, une croissance, une émergence voire un développement en un temps record, tandis que l'économie du Japon subira un écroulement spectaculaire pendant la même période : c'est l'illustration du développement mental des Japonais et du sous-développement mental des Congolais.
Du point de vue territorial, le Japon a une superficie de 377.944 km², et le Congo a 342.000km². La population du Japon est de 127.000.000 d'habitants et tandis que celle du Congo est de 5.125.821 d'habitants.
Le sous-sol du Congo est naturellement plus riche que celui du Japon. Mais le développement spectaculaire du Congo par les Japonais est possible grâce au quatrième secteur de l'économie, au secteur zéro, à la formation, au savoir, aux hommes intelligents et au développement mental.

Cependant, l'écroulement de l'économie japonaise (malgré l'état actuel de l'économie développé du Japon) sera dû au taux très élevé d'illettrisme des Congolais, au déficit de formation, au manque de savoir de la majorité des Congolais, au sous-développement mental des Congolais.

De ce point de vue, nous soutenons que l'économiste écossais Colin Clark, lorsqu'il évoque les trois secteurs de l'économie (primaire, secondaire et tertiaire), avait raison, certes, mais il avait semblé négliger le quatrième secteur de l'économie, le secteur zéro, le secteur du savoir, le secteur du développement mental et des TIC.

Voilà pourquoi, nous soutenons la thèse d'un nouveau reclassement des secteurs de l'économie à savoir :
1. Le secteur zéro ou le quatrième secteur de l'économie: l'éducation, la formation, le savoir, le développement mental et les TIC ;
2. Le secteur primaire (l'agriculture) ;
3. Le secteur secondaire (l'industrie) ;
4. Le secteur tertiaire (le commerce et les services).
5. Le secteur quaternaire (l'environnement et l'Homme).
L'humanisation des relations entre l'environnement et le développement de l'Homme et la conciliation entre l'écologie et l'économie.
N.B : Il faut noter que le quatrième secteur, quoiqu'il reste le fondement, la base du développement économique, reste et demeure la racine, la sève nourrissante du développement par son caractère transversal inhérent à tous ces quatre secteurs de l'économie. Mais, il reste la base du développement économique sans lequel tout développement économique est impossible.

Chapitre V :
La transmission des TIC, des savoir-faire et des connaissances

Section 1 : La difficulté de transfert des TIC et des connaissances

a) Définition de la monnaie électronique

Le problème de l'adoption de la monnaie dématérialisée et plus précisément de l'utilisation de la monnaie électronique fait l'objet de plusieurs débats ces dernières années. Étant l'un des instruments les plus récents du système de paiement, en trouver une définition idoine relève d'un véritable défi de par sa complexité. Mais, de manière globale, la monnaie électronique apparaît comme « la monnaie qui est transférable électroniquement »,de ce fait, elle ne saurait faire l'objet d'un dépôt bancaire ou d'une impression (Neda Popovska-Kamnar, 2014) ou encore « une créance sur un institut d'émission inscrite non pas sur du papier (fiduciaire) ou dans des livres (scriptural) mais sur une carte à microprocesseur (porte-monnaie électronique (PME)) ou sur un logiciel (Porte-monnaie virtuel (PMV)) » (Bounie, 2000). Une des principales différences avec les autres moyens de paiement est que l'émetteur et le bénéficiaire d'un paiement électronique sont différents.

Pour la Division Européenne (2009), « la monnaie électronique présente une valeur monétaire, représentée par une créance sur l'émetteur, qui est stockée sur un dispositif électronique, émise lors de la réception de fonds d'un montant au moins en valeur équivalent à la valeur monétaire émise et acceptée comme moyen de paiement par une entreprise autre que l'émetteur (Neda Popovska-Kamnar, 2014).

Plusieurs éléments distinguent la monnaie électronique des autres moyens de paiements selon la BCE[5] (2000) : (i) des coûts de transactions qui sont faibles comparativement aux autres moyens de paiements ; (ii) des coûts fixes qui sont élevés par rapport aux autres instruments de paiement, ceci étant dû à l'utilisation d'une technologie moderne qui doit être en permanence renouvelée ; (iii) l'absence de valeur de la monnaie électronique en ce sens qu'elle est uniquement utilisée pour les transactions, alors que les autres instruments peuvent faire l'objet de dépôt bancaire ; (iv) le fait qu'elle soit moins transparente que les cartes de crédit par exemple qui possèdent le nom et le numéro du détenteur ; (v) enfin, la possibilité pour la monnaie électronique de pouvoir se substituer à la monnaie en circulation bien que, jusqu' à présent son influence soit très faible.

Il existe ainsi, diverses formes de monnaie électronique parmi lesquelles le système de paiement mobile. Dans ce cadre, celui-ci désigne les sommes d'argent stockées dans des téléphones portables en utilisant comme identificateur la carte SIM du téléphone, plutôt qu'un numéro de compte comme c'est le cas avec les services bancaires traditionnels. Ces sommes d'argent sont émises sous forme virtuelle par une entité[6] et sont conservées dans un compte électronique sur la carte SIM du téléphone mobile, lequel sert également à transmettre des ordres de transfert ou de paiement, tandis que la contrepartie en espèce est conservée ailleurs. L'utilisateur peut, dès lors, accéder au solde de son compte électronique à partir de son téléphone portable, pour transmettre instantanément des ordres de transfert ou de paiement (CNUCED, 2013).

.

[5] Banque centrale européenne.

[6] Un opérateur de réseaux mobiles, en l'occurrence.

b) Les formes de monnaie dématérialisée

Il est recensé des centaines de monnaies électroniques sur internet, qui peuvent cependant être classées en trois (3) catégories génériques, à savoir les systèmes de paiement électroniques (SPE) articulés autour d'un compte bancaire, les SPE électroniques articulés autour d'un compte non bancaire et la monnaie électronique (Bounie, Tricot et Picory, 2000).

b-1) Les systèmes de paiement électroniques articulés autour d'un compte bancaire

Les SPE articulés autour d'un compte bancaire, permettent de sécuriser en ligne la transmission des paiements de transactions réalisées par carte bancaire. Bien qu'il existe des procédés plus ambitieux techniquement qui proposent un paiement par chèque électronique, on peut, cependant, noter que la caractéristique principale de cette classe de système est de proposer des outils de sécurisation des données d'origine bancaire. Ici, les institutions chargées de sécuriser les transactions ne sont pas forcément des banques. Ce type de SPE permet de différencier deux types de systèmes, à savoir les protocoles sécurisés de communication et les protocoles sécurisés de paiement. Le protocole de communication permet de gérer la transmission sécurisée de tout type de données sur le réseau (mail, paiement…). L'exemple le plus utilisé est le protocole Secure Socket Layer (SSL) qui permet à un utilisateur de sécuriser à l'aide d'un système cryptographique son numéro de carte bancaire en ligne.

De son côté, le protocole de paiement offre la possibilité de ne gérer que la transmission sur les réseaux ouverts. Visa International et Master Card qui ont annoncé en 1996, le développement de spécifications techniques permettant la sécurité du paiement par carte bancaire des achats effectués sur internet. Le protocole Secure Electronique transaction (SET) consiste ainsi en une authentification de tous les acteurs intervenant dans la transaction par le biais d'une certification et la mise en place d'une cryptographie asymétrique. Le client n'utilise pratiquement pas sa carte bancaire mais le certificat qui lui a été octroyé.

b-2) Les systèmes de paiement électroniques articulés autour d'un compte non bancaire

Les SPE, articulés autour d'un compte non bancaire, offrent une transmission sécurisée des transactions à partir d'un compte non bancaire. Ils font appel à l'utilisation d'un logiciel ou d'un support physique pour authentifier l'opération. Le support remplace ainsi la carte bancaire, comme instrument d'authentification au compte bancaire. Deux modèles peuvent ici être recensés, le système notarié et le système de fidélisation. Le système notarié permet à un intermédiaire non bancaire la compensation et le règlement entre les comptes du commerçant et du client adhérent au SPE. L'intermédiaire joue alors le rôle de tiers de confiance ou notaire, car il certifie les transactions, authentifie les parties contractantes, réalise les compensations et procède au règlement définitif des paiements. Le client se voit donc obligé d'ouvrir un compte crédité chez le notaire, compte dont l'accès se fait par le transfert d'un secret qui permet l'authentification du client (Paypal, Cybank, Barter Trust Bigvine…). Pour ce qui est du système de fidélisation, il permet à l'intermédiaire de proposer à ses clients d'accumuler des points offrant un vrai pouvoir d'achat (i-point, Cybergold…).

b-3) La monnaie électronique

La monnaie électronique diffère des deux premiers SPE dans la mesure où elle est totalement déconnectée d'un compte et ne nécessite aucune authentification ou autorisation de l'émetteur pour effectuer les paiements. Les transferts peuvent ainsi être effectués entre détenteurs de carte sans faire l'objet d'encaissement dans un compte (PME de Mondex). La monnaie électronique peut alors être anonyme, car des techniques cryptographiques particulières permettent de déconnecter une pièce électronique de l'identité du porteur. Dans le cadre d'un paiement par PME et PMV, l'échange s'opère en deux temps, le premier par l'opération de chargement des PME et PMV réalisée souvent par transfert de monnaie scripturale. Les PME et PMV sont alors des systèmes prépayés et alimentés par des comptes bancaires. Le second temps consiste en l'opération de paiement et de transfert des unités électroniques. Il est à noter que, dans cette phase, les paiements sont calqués non plus sur un système scriptural mais fiduciaire. Par conséquent, la monnaie électronique permet deux implications majeures, la première est une déconnexion entre le compte et le moyen de paiement dans la mesure où la régularisation des flux de paiement est effectuée à partir de la carte et non du compte. La deuxième phase est la création d'une nouvelle monnaie non fiduciaire et non scripturale remplissant cependant les trois fonctions de la monnaie.

Ainsi, dans le cadre de ce travail, la définition retenue est que la monnaie mobile inclue tous les types d'initiatives ayant pour but de fournir des services financiers à ceux qui n'ont pas accès aux services bancaires et ce en utilisant la technologie mobile, en d'autres termes de la monnaie accessible et utilisable via le téléphone mobile (Jenkins, 2008). À ce titre, le terme paiements mobiles sera utilisé comme terme générique nous permettant de ne pas restreindre le champ de notre étude, quant à la réalisation de l'objectif visé par l'identification des facteurs, ces derniers déterminent l'adoption ou non des systèmes de paiements électroniques mobiles à Brazzaville. Ainsi, la suite de cette revue de la littérature est organisée autour de trois points de la manière suivante, une première partie qui porte sur l'adoption des paiements mobiles, une deuxième sur la théorie des économies de réseaux et enfin une troisième partie en conclusion.

I- Travaux sur l'adoption d'une innovation

Comme nous venons de le voir, une multitude de SPE et de monnaies électroniques sont répertoriés. Toutefois, notre attention ici se porte sur la monnaie électronique mobile. Dès lors, la question qui se pose à nous est de déterminer les facteurs affectant son adoption par les utilisateurs. Pour ce faire, il convient de recenser les différentes théories économiques abordant cette problématique. Plusieurs théories en sciences économiques majoritairement issues des systèmes d'informations permettent une telle approche. Cependant, deux théories, à savoir le modèle d'acceptation technologique (Davis, 1989) et la théorie de la diffusion d'une innovation (Rogers, 1995), plus que d'autres sont utilisées par les chercheurs pour l'adoption de la monnaie mobile (Tobbin, 2010).

Nous allons dans un premier temps présenter ces deux théories, les dépassements qui en ont été faits, puis enfin présenter les différentes théories retenues en économie sur le domaine de l'adoption d'une technologie. Nous allons, dans une seconde phase sur le plan empirique, examiner les validations des deux principales théories retenues.

1.1. Travaux théoriques

1.1.1 ***Modèle d'acceptation d'une technologie (TAM).***

Élaboré par Davis (1986), le TAM est un modèle spécifique qui permet d'expliquer l'acceptation et l'usage des nouvelles technologies de l'information. Davis et al (1989) relient, dans son modèle, l'utilité et la facilité d'utilisation perçues aux attitudes, aux intentions et au comportement réel d'utilisation des technologies basées sur l'ordinateur. En d'autres termes, cette théorie repose sur l'hypothèse selon laquelle l'acceptation du système d'information est déterminée par les intentions d'utiliser le système. Ainsi, les variables externes, telles que la tâche, les caractéristiques de l'utilisateur, les facteurs organisationnels, influencent le comportement d'acceptation de la technologie indirectement via les croyances, l'attitude et les intentions. Le TAM est ainsi conçu pour pouvoir être appliqué à tous les domaines spécifiques impliquant les interactions entre l'homme et l'ordinateur.

S'appuyant sur les deux constructions majeures l'utilité perçue et la facilité d'utilisation perçue, l'on est capable de mesurer qualitativement des données subjectives utiles pour guider le développement de nouveaux produits et la perception qu'en ont les consommateurs. Dans ce modèle, se demander quelles pourraient être les causes d'acceptation ou de rejet d'une nouvelle technologie de l'information, revient à voir les définitions de ces deux concepts. En effet, l'utilité perçue est définie comme étant le degré avec lequel une personne croît que l'utilisation d'un système particulier lui permettra de pouvoir améliorer ses performances dans son travail. Dans un contexte professionnel et organisé, les gens sont généralement récompensés des bonnes performances accomplies par des promotions, des bonus ou autres méthodes (Pfeffer, 1982 ; Schein, 1980 ; Vroom, 1964).

Ainsi, un haut système en valeur d'utilité perçue est un système où l'utilisateur croit en l'existence d'une relation positive entre l'utilisation de la technologie et la performance. La facilité d'utilisation perçue fait référence au degré par lequel une personne croît que l'utilisation d'un système particulier sera sans effort. Cela découle de la définition du mot facile, c'est-à-dire sans difficulté ou sans grand effort. L'effort est ici une ressource qu'une personne peut allouer à différentes activités dont il est responsable (Radner et Rothschild, 1975).

1.1.2. *Théorie de la diffusion d'une innovation (IDT)*

La théorie de la diffusion et de l'adoption d'une innovation a été développée par Rogers (1995). Elle a pour objet la formalisation de la diffusion et l'adoption d'une innovation quels que soient sa nature et son domaine. Les travaux de Rogers (2003) permettent d'établir des éléments communs à l'adoption et à la diffusion d'une innovation. Il s'agit des caractéristiques intrinsèques d'une innovation et des caractéristiques organisationnelles.

Les caractéristiques intrinsèques d'une innovation s'expriment à travers cinq éléments clés. Ceux-ci influencent l'adoption ou le rejet de cette dernière à savoir :
- l'avantage relatif ou le degré avec lequel une innovation est perçue par les « adopteurs » potentiels comme étant meilleure que celle existante (Rogers, 2003);
- la compatibilité ou le degré avec lequel une innovation est perçue comme compatible avec les valeurs, les expériences et les besoins des « adopteurs » potentiels. L'étude de Lin (2011), par exemple, a montré que l'adoption des

services proposés par les banques taïwanaises sur le téléphone mobile dépend en partie de la compatibilité perçue de cette innovation avec le style de vie et préférences des personnes interrogées ;
- la complexité ou le degré avec lequel une innovation est perçue comme difficile à comprendre et à utiliser (Handfield et Pagell, 1995) ;
- la testabilité ou le degré avec lequel une innovation peut être vérifiée sur un champ limité avant son utilisation. Par exemple, Zhang et al. (2010) ont analysé les facteurs d'adoption du « e-learning » en Chine. Les résultats de cette étude ont montré que la testabilité peut être considérée ici comme facteur d'adoption. Ce facteur se traduit notamment par la possibilité d'essayer cette méthode à travers des cours ou des démonstrations en ligne et de discuter avec des utilisateurs de cette dernière;
- l'observabilité ou le degré avec lequel les résultats d'une innovation sont visibles. Ainsi, plus les résultats sont visibles, plus son adoption sera rapide.

1.1.3. *Les dépassements théoriques*

a) Le TAM

Ce modèle a connu de nombreuses contributions qui ont conduit à des extensions (Wixom et Todd, 2005), de même que d'autres facteurs furent introduits au modèle, à savoir des normes subjectives, le contrôle comportemental perçu et l'auto efficacité (Hartwick et Barki, 1994 ; Mathieson, 2001 ; Taylor et Todd, 1995). D'autres auteurs ont introduit des facteurs issus de la littérature de la diffusion d'une innovation tels que la visibilité, la testabilité et la démontrabilité des résultats (Agarwal et Prasad, 1997 ; Karahanna et al.,1999 ; Plouffe et al..., 2001). D'autres, encore, ont introduit des variables externes ou des facteurs modérant les deux constructions majeures, tels que les traits de personnalité et les caractéristiques démographiques (Gefen et Straub, 1997 ; Venkatesh, 2000 ; Venkatesh et Davis, 2000).

b) La combinaison du TAM et de l'IDT

L'IDT de Rogers (1995), n'a théoriquement aucune relation explicite avec le TAM, mais toutes les deux partagent certaines constructions clés (Lee, Hsieh et Hsu, 2011). Il a ainsi été démontré que l'avantage relatif, construit dans l'IDT est similaire à la notion d'utilité perçue dans le TAM et la complexité dans l'IDT capture la facilité d'utilisation perçue dans le TAM, même si elles sont de signe contraire (Moore et Benbasat, 1991). De plus, en termes de complexité, le TAM et l'IDT proposent que la formation des intentions des utilisateurs soit partiellement déterminée par la manière avec laquelle l'innovation est difficile à comprendre ou à utiliser (Davis et al., 1989; Rogers, 1995). En d'autres termes, moins complexe, une chose est à utiliser, plus un individu va vouloir l'accepter. La compatibilité est associée de près à une technologie avec des expériences préalables, tandis que les capacités d'essayer et d'observer sont associées à la disponibilité des opportunités pour les expériences importantes. La compatibilité et les capacités d'essayer et d'observer peuvent être traitées comme des variables extérieures, qui affectent directement les construits dans le modèle d'acceptation d'une technologie. Après l'adoption initiale, les effets de ces trois construits peuvent être diminués avec l'expérience continue et réduits au fil du temps (Karahanna et al., 1999).

Depuis lors, de nombreuses études ont intégré avec succès l'IDT dans le TAM pour travailler sur le comportement d'acceptation d'une technologie par les utilisateurs

(Hardgrave, Davis et Riemenschneider, 2003; Wu et Wang, 2005; Chang et Tung, 2008).

1.1.4. *Les autres théories d'adoption d'une innovation*

Plusieurs autres théories ont aussi abordé la question de l'adoption d'une innovation technologique. On retrouve ainsi des théories qui ont soit servi de base au TAM (la théorie de l'action raisonnée de Fishbein et Ajzen (1975)), soit qui en sont une extension (le modèle d'acceptation technologique étendu de Venkatesh et Davis (2000)). On compte également la théorie du comportement planifié (Ajzen, 1991) qui est elle-même une extension de la théorie de l'action raisonnée de Fishbein et Ajzen (1975). On peut continuer de citer la théorie cognitive sociale (Bandura, 1986) et la théorie combinée du TAM et du comportement planifié. Enfin, notons la théorie unifiée de l'acceptation et de l'usage de la technologie (Venkatech et al, 2003).

a) La théorie de l'action raisonnée (TRA)

Dans l'optique de cette théorie, l'intention d'un individu détermine son comportement actuel. L'intention du comportement est, à son tour, déterminée par l'attitude individuelle face à ce comportement et aux normes subjectives, avec un regard sur la performance de ce comportement (Fishbein et Ajzen, 1975). Le TRA est basé sur l'assertion selon laquelle les individus sont des preneurs de décision rationnels, parce qu'ils calculent et évaluent constamment les croyances comportementales pertinentes dans le processus de formation de leur comportement. Fishbein et Ajzen (1975) définissent l'attitude comme des sensations individuelles positives ou négatives (évaluation affective) au sujet de tenir le comportement visé. Fishbein et Ajzen (1975) définissent la norme subjective comme étant la perception personnelle que la plupart des gens importants pour lui pensent qu'il devrait ou non tenir le comportement en question.

b) le modèle d'acceptation technologique étendu

Venkatesh et Davis (2000) ont développé le TAM étendu, appelé TAM 2, en intégrant les influences sociales (norme subjective, volontariat et image) et les processus instrumentaux cognitifs (promotions professionnelles, qualité produite, démontrabilité des résultats et facilité d'utilisation perçue). Le TAM 2 théorise qu'il existe quatre déterminants instrumentaux cognitifs de l'utilité perçue, à savoir promotions professionnelles, qualité produite, démontrabilité des résultats et facilité d'utilisation perçue. De plus, le TAM2 retient du TAM la facilité d'utilisation perçue comme un déterminant direct de l'utilité perçue.

Le TAM2 postule que les gens utilisent une représentation mentale pour assoir la rencontre entre les objectifs de travail important et les conséquences d'être performant dans le fait d'utiliser le système comme base pour former des jugements à propos de la contingence de la performance de l'utilisation. La Promotion professionnelle est ici définie comme une perception individuelle concernant le degré avec lequel le système visé est applicable à son emploi. Le TAM2 définit la promotion professionnelle comme un impact positif sur l'utilité perçue. La qualité produite qui est une perception personnelle sur comment le système améliore les performances, est affirmée être un autre déterminant de l'utilité perçue. La démontrabilité des résultats est également donnée pour avoir un effet positif sur l'utilité perçue.

c) La théorie du comportement planifié (TPB)

La TRA est utilisée pour prévoir le comportement d'un individu seulement dans une situation réelle volontaire, non dans une situation hors contrôle. Ajzen (1991) a développé la théorie du comportement planifié (TPB) pour étendre la TRA et considérer les situations non prévues. Il a ajouté une nouvelle construction qui est le contrôle comportemental perçu dans le TPB. Le contrôle comportemental perçu est défini comme, « la facilité perçue ou la difficulté de tenir un comportement » (Ajzen, 1991). Mais, dans le contexte de la recherche sur le système d'information, le contrôle du comportement perçu est défini comme les perceptions des contraintes internes et externes sur le comportement » (Taylor et Todd, 1995). La TPB est similaire au TRA, dans le fait que la TPB pose également que les individus sont des preneurs de décision rationnels. Les bases individuelles du contrôle du comportement perçu utilisent une méthode similaire à celles du modèle de la valeur espérée. Pour chacune dans le domaine des croyances de contrôle, les individus multiplient la force des croyances par le pouvoir perçu du facteur de contrôle. Le TPB a aussi été largement retenu pour comprendre l'acceptation individuelle et l'usage des différentes technologies (Harrison et al, 1997 ; Mathieson, 1991 ; Taylor et Todd, 1995b).

d) Le TAM et le TPB combinés

Taylor et Todd (1995) ont développé un modèle hybride, du fait qu'ils ont combiné les facteurs de prévision du TPB avec les constructions de l'utilité perçue et de la facilité d'utilisation perçue du TAM. Ce modèle est également appelé la théorie décomposée du comportement planifié, parce que la structure de croyance est décomposée dans le modèle. L'attitude est décomposée pour inclure l'utilité perçue, la facilité d'utilisation perçue et la compatibilité.

La structure de croyance normative inclut les influences semblables et supérieures. La structure de croyance du contrôle inclut l'auto-efficacité, les conditions de facilitation des ressources et les conditions de facilitation technologiques.

e) Le modèle d'utilisation d'un PC

La théorie de Triandis (1977) sur l'attitude et le comportement est une perspective concurrente au TRA et au TPB. Triandis (1977) fait une distinction entre les composants cognitifs et affectifs des attitudes. Les croyances suivent les composants cognitifs des attitudes. « Le comportement est déterminé par ce que les gens pourraient avoir à faire (attitudes), ce qu'ils pensent qu'ils devraient faire (normes sociales), ce qu'ils ont habituellement fait (habitudes) et par les conséquences attendues de leur comportement (Thompson et al, 1991).

Thompson et al (1991) affinent le modèle de Triandis pour prévoir le comportement d'utilisation du PC. Les constructions majeures du modèle et leurs définitions sont les suivantes :

- la promotion professionnelle autrement dit, la raison pour laquelle un individu croît que l'utilisation d'une technologie peut accroître les performances de son métier ;
- la complexité ou le degré avec lequel une innovation est perçue comme relativement difficile à comprendre et à utiliser ;
- les conséquences à long terme, c'est-à-dire les résultats qui ont des retombées positives dans le futur ;
- l'utilisation face à l'affectif ou encore les sensations de joie, de plaisir, de dépression, de dégoût

ou de haine associées par un individu à un acte particulier ;

- les facteurs sociaux qui sont l'internalisation individuelle de la culture subjective du groupe de référence, les agréments interpersonnels spécifiques qu'un individu a faits avec d'autres, dans des situations sociales spécifiques ;
- les conditions facilitantes, pour lesquelles les supports de provision pour les utilisateurs de PC peuvent être un type de ces conditions facilitantes qui peuvent influencer l'utilisation du système.

f) La théorie de l'acceptation et de l'utilisation d'une technologie

Venkatesh et al. (2003) ont formulé un nouveau modèle appelé la théorie de l'acceptation et de l'utilisation d'une technologie (UTAUT). Théorie issue des principaux modèles et théories cités plus haut. L'UTAUT suggère que trois construits sont les plus déterminants de l'intention d'utiliser une information technologique. Ces trois construits sont l'espérance de rendement, l'espérance d'effort et l'influence sociale. Les constructions des principales théories sont comprises dans ces trois construits. L'espérance de rendement est ainsi définie comme le degré avec lequel un utilisateur espère que l'utilisation du système va l'aider à atteindre des gains dans la performance professionnelle. Ce nouveau construit a comme constructions racines, l'utilité perçue, la motivation extrinsèque, l'avantage relatif, le résultat attendu. L'effort attendu ou le degré de facilité associé à l'utilisation du système. Enfin, l'influence sociale ou le degré auquel un individu perçoit, avec importance, que les autres le motivent à utiliser le nouveau système. Venkatesh et al. (2003) ont également trouvé que l'influence des conditions facilitant l'usage est modérée par l'âge et l'expérience des indivi-

dus. Ils définissent la facilitation des conditions comme le degré auquel un individu croit qu'une organisation et une infrastructure technique existent pour soutenir l'utilisation du système.
Cette revue théorique faite, il convient dès lors d'examiner les travaux empiriques concernant la validation des deux principales théories que sont le TAM et l'IDT.

1.2. ***Travaux empiriques***

Selon l'union internationale de télécommunication (ITU, 2011) près de six milliards de souscriptions à la téléphonie mobile ont été relevées fin 2011, ce qui correspond à un taux de pénétration de 86 %. De même, selon un rapport du groupe spécial Mobile association (GSMA, 2014), les revenus des paiements sont espérés au-dessus de 1000 milliards de dollars en 2017, drainés par le commerce mobile et les paiements de proximité, performés en présentant un appareil mobile à divers points de vente des marchandises, ce qui pousse à nous intéresser aux travaux de recherche sur cette question.

Les études sur les paiements électroniques se classent en deux principales technologies liées aux domaines de recherche appelés paiement mobiles et banque mobile. Cependant, alors que, l'adoption de la banque mobile (Cheng et al, 2006 ; Chen, 2008) et le paiement mobile (Fang et al, 2005 ; Wang et al, 2006) ont pu retenir l'attention des chercheurs, la recherche sur la monnaie mobile en est à ses premiers pas, avec de nombreux rapports (Jenkins, 2008 ; Porteous, 2006 ; Hughes, 2007…) la dominant (Tobin, 2010).

De fait, la recherche universitaire sur le nouveau phénomène apportant des services financiers aux personnes n'en ayant pas l'accès est généralement rare (Maurer, 2008). Plusieurs études ont retenu notre attention pour ce travail, il s'agit de (i) Dlodlo (2015) en Afrique du Sud et (ii) Ngugi, Pelowski et Ogembo (2010) au Kenya qui s'appuient sur le modèle d'acceptation technologique étendu (TAM) ; (iii) Tobin (2010) au Ghana en s'appuyant sur le TAM et la théorie de diffusion d'une innovation (IDT) auxquels ont été additionnés des variables ; (iv) Echchabi et Hassanuddeen (2013) au Maroc et (v) Al-Jabri et Sohail (2012) en Arabie Saoudite avec comme théorie l'IDT.

En Afrique du Sud, particulièrement, en dépit d'une croissance extensive en 2013 des transferts mobiles M-PESA et MTN mobile money, montrant un fort accroissement, l'adoption de masse des autres solutions de transaction mobile n'a pas été pleinement réalisée (Mbiti et Weil, 2011). Constat partagé au Ghana où les transferts d'argent généralement vers les familles dans les communes rurales se font par d'autres moyens pas forcément satisfaisants (Tobin, 2010). On constate, au Kenya avec le succès de M-PESA, le phénomène inverse, alors même qu'il y est dénombré un taux de 19 % de la population seulement ayant accès aux services bancaires et un fort taux d'illettrés parmi les personnes n'ayant pas accès aux services bancaires. Les cas du Maroc et de l'Arabie Saoudite où les taux d'accès aux services bancaires et de pénétration de la téléphonie mobile sont respectivement de 40% et 70% (Internal Télécommunication Union, 2011) pour le Maroc et un taux de pénétration de la téléphonie mobile de 198% (ICT Indicator report 2011) montrent également cette tendance à la faible adoption.

De plus, si, dans les trois premiers cas, les services attendus sont plutôt des transferts d'agent vers les parents ou relations généralement des grandes villes vers les communes rurales (Dlodlo (2015) ; Tobin (2010) ; Ngugi, Pelowski et Ogembo (2010)), pour le Maroc et l'Arabie Saoudite, les services attendus sont plutôt l'usage des applications permettant de gérer son compte ou d'effectuer toutes ses opérations bancaires depuis son mobile.

Ainsi, comme spécifié plus haut, la question commune à toutes ces études est de savoir comment faire adopter le moyen de paiement par la population. Le cas du Kenya est différent, car il s'agit d'effectuer une analyse des facteurs ayant permis le succès de la monnaie mobile M-PESA, succès qui, malgré le même fournisseur, par conséquent le même service, n'a pas été au rendez-vous dans d'autres pays (Tobin, 2010 ; Dlodlo, 2015 ; Ngugi, Pelowski et Ogembo, 2010).Un regard sur ces trois cas nous donnera un premier aperçu des différences notables propres à chacun.

Concernant l'Afrique du Sud, il convient de noter : bien qu'ayant certains succès dans d'autres pays, différentes solutions proposées n'ont pas connu le succès escompté, c'est notamment le cas de paypal (USA) introduit en Afrique du Sud en 2012, et accueilli avec un enthousiasme, qui très vite retomba (Grubb, 2012), ce pour plusieurs raisons. D'abord les Sud-africains se rendirent compte que, pour effectuer des transactions avec paypal, il fallait avoir un compte à la banque nationale, ensuite, être scruté implacablement par la réserve fédérale et enfin, avoir toutes les transactions faites en dollars américains.

Le cas du Kenya est différent. En effet, l'origine de la monnaie mobile au Kenya remonte à 2002, quand le département du développement international (DFID) du Royaume-Uni introduit une étude pilote sur la banque mobile, touchant près de 20 petits villages (Equity Building Society, 2002 ; Johnson et al, 2006). Ce service utilisait quatre véhicules à roues motrices se comportant comme une banque mobile, visitant chaque village une à deux fois par semaine et offrant des services bancaires aux petites entreprises et petits ménages fermiers. Ces banques offraient l'épargne et les services d'emprunt essentiels pour encourager les anciennes et nouvelles entreprises, basées sur l'approche du bas de la pyramide, laquelle est encouragée à accroître son activité économique dans les zones pauvres avec l'objectif d'augmenter leur niveau de vie et opportunités (Karnani, 2007 ; Pragalad, 2004). Cette innovation ou tentative peut être considérée comme la première voie de la banque mobile essentiellement, représentant une version analogue du phénomène de la monnaie mobile électronique. Le Ghana, qui a également M-PESA du Kenya, n'a, cependant, pas connu le même succès.

a-2) la valeur perçue

L'auteur la présente comme un concept d'accroche utilisé pour expliquer le comportement d'achat du consommateur en littérature de Marketing, mais qui fait l'objet de débat concernant sa définition. En effet, différentes significations ont été attribuées à ce concept à travers les disciplines, les contextes de recherche et les approches dans la recherche universitaire. Ainsi, si certains points de vue convergents présentent le prix et la qualité comme les possibles indicateurs de la valeur (Lin et Wang, 2006 ; Kim, Chan et Gupta, 2007 ; Wang, 2008, Lu et Hsiao, 2010), d'autres la définissent comme une anticipation du consommateur à propos du produit d'un service basé sur les bénéfices et sacrifices futurs (Li, Robson et Coates, 2013). Bajs (2013), lui, la définit comme ce que le consommateur obtient pour ce qui a été payé, ce qui donne largement créance aux bénéfices fonctionnels dérivés de l'utilisation des produits et services de la firme, tandis que, de leur côté, Chen et Chen (2010), l'ont conceptualisée comme une base globale de l'utilité d'un produit ou service par rapport aux perceptions de ce qui est reçu et de ce qui est donné. Enfin, Chen et Dubinsky (2003) ont examiné la valeur dans un environnement de commerce électronique et ils ont établi que la valeur réfère à une balance entre les bénéfices nets gagnés dans l'échange pour les coûts endurés durant la réalisation du service. Définition retenue ici par l'auteur.

a-3) La satisfaction de l'utilisateur

Dans une perspective cognitive, la satisfaction de l'utilisateur est définie à l'aide de la théorie sur l'infirmation de l'attente (EDT) de Li et al (2013). Ce paradigme suggère que les sentiments de satisfaction du consommateur résultent d'une comparaison mentale des attentes présentées au début de la transaction rencontrée et de la performance actuelle reçue. Si la performance du service dépasse les attentes du consommateur, ce dernier sera très satisfait et positivement influencé (Carpenter, 2008). Cependant, si la performance du service est en dessous des attentes du consommateur, cela équivaut à une insatisfaction. Contrairement à cela, une deuxième ligne de recherche suggère que la satisfaction est une construction affective plutôt que cognitive (Gallarza et Saura, 2006 ; Cronin, Brady et Hult, 2000).

Lin (2011) affirme que ces deux approches sont indispensables à prendre en compte pour obtenir une bonne définition de cette construction. Il a ainsi défini la satisfaction comme une réponse d'accomplissement du consommateur qui est basée aussi bien sur l'évaluation que sur l'émotion.

Cette satisfaction donne une indication de la croyance du consommateur à propos de la probabilité de la capacité du service à conduire à une sensation positive. Essentiellement, les sensations de satisfaction représentent une réponse basée sur l'émotion résultant d'une évaluation cognitive et affective de tous les aspects relevant des relations d'affaires (Wang et Liao, 2007).

Ainsi, pour l'auteur, la satisfaction incorporera l'évaluation cognitive (transaction spécifique) et la reconnaissance des émotions des trois principales facettes que sont la satisfaction avec les processus et les systèmes utilisés pour les transactions, la satisfaction avec les services offerts et la satisfaction avec une information fournie et mise à jour par la plateforme du dispositif mobile.

a-4) La confiance au paiement mobile

À ce titre, dans le développement du commerce électronique, la confiance améliorée aux services en ligne, constitue un des plus gros challenges. En conséquence, certaines études ont cherché à identifier les méthodes pour accroître et accélérer la confiance dans la formation du commerce électronique (Verhagen, Meents et Tan, 2006 ; Pavlou, 2003 ; Singh et Sirdeshmukh, 2000). Zhou (2013) a démontré que la confiance affecte fortement les intentions d'achat en ligne. Cependant, la confiance est difficile à établir dans ce contexte, particulièrement parmi les fournisseurs de services émergents.

Van Der Heijden, Verhagen et Creemers (2003) définissent la confiance dans le contexte d'achat en ligne comme une volonté de l'une des parties (acheteur) d'être vulnérable aux actions d'un établissement virtuel, basée sur les attentes, selon lesquelles, cet établissement virtuel effectuera une action importante pour le consommateur ou acheteur, indépendamment de sa capacité à conduire ou contrôler ledit établissement. En tant que telle, l'idée reçue a masqué cette construction de la confiance basée sur la connaissance, comme incorporant l'assertion cognitive par un individu dans la fiabilité des autres et déterminée par leur compétence perçue, bienveillance et intégrité (Mcnight, Choudury et Kacmar, 2002).

Ainsi, dans la lignée de Lin (2011), quand les transactions liées à la banque mobile sont réalisées, le consommateur est concerné, quant à savoir si oui ou non, le fournisseur de services ales connaissances adéquates et compétences pour réaliser ses promesses (intégrité) tout en prenant en considération l'intérêt du consommateur (bienveillance). Construit sur les réseaux et terminaux mobiles, le paiement mobile accroît un grand risque depuis que les systèmes d'exploitation peuvent être sujets aux attaques des hackers, à l'interception d'information et aux infections par des virus ou des chevaux de Troie. À cet effet, les plateformes mobiles demandent une confiante fiabilité, une raisonnable bonne connaissance et une solution largement acceptée, qui laissent les consommateurs effectuer des paiements en ligne, sans compromettre leurs informations personnelles ou financières (Mallat, 2007).

La confiance a été ainsi identifiée comme un facteur significatif impactant le comportement du consommateur (Gefen, 2002). À cet effet, il devient impératif pour les vendeurs de construire une confiance dans le but de mitiger les risques perçus et de faciliter l'usage continu des paiements mobiles (Siau et Shen, 2003). En s'appuyant sur ce postulat, la confiance des consommateurs de paiements mobiles est typiquement associée à leur perception du système de sécurité. Pour l'auteur, la confiance englobe deux points de vue, la confiance envers le fournisseur de services et la confiance dans la technologie du système de paiement mobile (Siau et Shen, 2003).

Section 2 : Les difficultés de transfert des TIC : cas de la monnaie électronique

a) Variables

Tobin (2010) explore les facteurs clés qui affectent l'acceptation et l'usage par les consommateurs ghanéens des transferts par monnaie mobile en s'appuyant sur le TAM et l'IDT, avec l'objectif principal de développer un modèle. Tobin (2010) retient la définition de Jenkins (2008).Tobin élabore son étude à partir d'une part du TAM, à travers l'utilité perçue et la facilité d'utilisation perçue, et d'autre part de l'IDT, à travers l'avantage relatif et la testabilité. À ces deux théories, il associe des constructions telles que la confiance perçue et le risque perçu. Un bref aperçu de la signification de ces concepts pour Tobin s'impose.

a-1) L'utilité perçue

Bien qu'initialement définie dans le cadre de la performance professionnelle, l'utilité perçue doit être ici comprise dans un contexte plus large pour inclure le niveau de croyance pour les consommateurs, au cas où les services mobiles pourraient être intégrés à leurs activités journalières (Kleijnen et al, 2003). Dans un contexte de paiement mobile, cela peut aussi être défini comme le degré par lequel le consommateur croît que les transferts de monnaie mobile vont améliorer sa transaction (Chen, 2008). Quand cette croyance s'accroît, les intentions du consommateur, dans l'intention d'utiliser les services de transfert de monnaie mobile, vont également s'accroître. Dans l'analyse comportementale du consommateur, l'utilité perçue a été

testée comme un facteur déterminant pour son intention dans l'utilisation des services mobiles.
De même, l'ampleur avec laquelle un consommateur trouve le transfert par monnaie mobile utile va dépendre de l'avantage relatif du service. Si la mobilité et les caractéristiques de facilité dans l'accessibilité des services mobiles font dominer chez le consommateur que le transfert de monnaie mobile est meilleur que les précédents moyens de transfert, cela va affecter son utilité perçue. La raison ultime pour laquelle les gens vont utiliser les paiements mobiles est qu'ils vont les trouver utiles (Luarn et Lin, 2005). En ce sens, l'utilité perçue chez Tobin (2010) se rapproche de la satisfaction du consommateur et la valeur perçue chez Dlodlo (2015). L'auteur pose ainsi les deux premières hypothèses de son modèle :

> Hypothèse 1 (H1) : une forte utilité perçue va entraîner une forte intention d'utiliser le paiement mobile ;
> Hypothèse 2 (H2) : un fort avantage relatif va entraîner une forte utilité perçue.

a-2) La facilité d'utilisation perçue

Tout comme pour l'utilité perçue, la facilité d'utilisation perçue doit être vue plus généralement, car elle implique les procédures d'enregistrement, la facilité d'utilisation des procédures de paiement, la facilité d'accès aux services pour le consommateur, un minimum d'étapes demandées pour effectuer un paiement, une taille d'écran appropriée et des capacités d'entrées, ainsi que la disponibilité d'agent. En outre, cela doit être accessible sur les téléphones dotés des fonctionnalités et des logiciels les plus basiques. Cela permet à Tobin (2010) de poser les deux hypothèses suivantes :

> Hypothèse 3 (H3) : une forte facilité d'utilisation perçue va entraîner une forte utilité perçue ;

Hypothèse 4 (H4) : une forte facilité d'utilisation perçue va entraîner une forte intention d'utiliser les paiements mobiles.

a-3) La confiance perçue

Le paiement mobile, comme pour toute activité commerciale, requiert un élément de confiance. Pour devenir une activité viable, le paiement mobile a besoin de surmonter la méfiance du consommateur (Siau et al, 2004). Tobin(2010) reprend la définition de la confiance faite par Siau et Shen (2003), selon laquelle elle est une mesure du niveau d'assurance du consommateur que le service sera fourni avec un minimum d'obstacles possible. Ici, la confiance est vue de la même manière que chez Dlodlo (2015). Cependant, si la facilité d'utilisation perçue a été identifiée comme un antécédent de la confiance perçue dans de principales recherches sur l'adoption du commerce électronique, cela s'est avéré inapplicable aux paiements mobiles (Gefenet al, 2003 : Gu et al, 2009), car la complexité de l'utilisation des applications de paiements mobiles ne sera pas forcément attribuée à la fiabilité du fournisseur de service. Ce sont, ici, la fiabilité et la préservation de la vie privée vues comme les antécédents de la confiance perçue. Cette confiance perçue doit avoir un impact direct sur l'intention d'utilisation du service.
On a, dès lors, les hypothèses suivantes :

Hypothèse 5 (H5) : une forte confiance perçue va entraîner une forte intention d'utiliser le paiement mobile ;
Hypothèse 6 (H6) : une forte fiabilité va entraîner une forte confiance perçue.
Hypothèse 7 (7) : une forte préservation de la vie privée va entraîner une forte confiance perçue.

a-4) Le risque perçu

Il a été identifié par les consommateurs sélectionnés et les professionnels des paiements mobiles interviewés comme une barrière significative pour les paiements mobiles. Le risque perçu est défini comme une croyance du consommateur sur les potentiels résultats incertains des transactions par paiements mobiles. Le désir des consommateurs de minimiser le risque remplace leur volonté de maximiser l'utilité et leur perception subjective du risque détermine fortement leur comportement (Bauer et al, 2005). Donc réduire l'incertitude a été jugé avoir une forte influence sur l'intention des consommateurs d'adopter les systèmes de transactions électroniques (Chen, 2008).

> Hypothèse 8 (H8): un fort risque perçu entraînera une influence négative sur l'intention d'utiliser le paiement mobile.

a-5) Les coûts de transaction

Les coûts de transaction incluent le prix de la transaction, les frais d'enregistrement ou encore le coût d'un nouveau dispositif s'il en faut un pour utiliser le service. Les consommateurs interviewés ont confirmé que les coûts de transaction peuvent influencer leur intention d'utiliser les services de paiement mobile. Étant donné que le TAM a été développé dans un contexte organisationnel, les coûts de transaction pour l'utilisation de la technologie n'ont pas été considérés comme une variable pertinente, puisque le consommateur n'était pas responsable du paiement de la technologie.

> Hypothèse 9 (H9) : un fort coût de transaction aura une influence négative sur l'intention d'utiliser le paiement mobile.

a-6) La testabilité

Pour laquelle, la définition retenue ici est celle de Rogers (1995).Ainsi, pour les paiements mobiles, l'adoption est plus probable si la technologie est démontrée aux utilisateurs ou si cela peut être utilisé de manière gratuite dans les premiers temps. La testabilité a été relevée comme ayant une influence directe sur l'intention du consommateur (Brown et al, 2003). Les recherches précédentes font valoir que les adoptants antérieurs d'une innovation la perçoivent comme plus importante que ne le feront les adoptants ultérieurs. En d'autres termes, les individus innovants n'ont pas de précèdent à suivre, quand ils adoptent, alors qu'ensuite les adopteurs sont entourés par d'autres qui ont déjà adopté l'innovation. Ainsi, l'interview initiale montre que les utilisateurs vont adopter le paiement mobile s'il leur est donné la chance d'essayer gratuitement le service avant.

> Hypothèse 10 (H10) : plus la testabilité des services de paiements mobiles est grande, plus est forte l'influence sur l'intention de l'adopter.

b) Résultats

L'analyse de Tobin (2010) donne un modèle dépourvu de multi colinéarité, car les coefficients de corrélation entre les variables indépendantes sont tous inférieurs à 0,8. Avec l'élimination des coûts de transaction, du respect de la vie privée et de la fiabilité du reste de l'analyse, suite au test de fiabilité qui a réduit le nombre d'hypothèses testées à 7. Dans le cas de l'hypothèse H1, il a été trouvé une relation positive et significative entre l'utilité perçue des paiements mobiles et l'intention d'utilisation du service par les consommateurs (0,23p< 0,05), ce qui confirme la relation entre l'utilité perçue et l'intention d'adopter une nouvelle technologie du TAM original. De même, un coefficient de 0,26 et un seuil de significativité de moins de

1 % fournissent une forte relation positive entre l'avantage relatif et l'utilité perçue, ce qui par conséquent confirme l'hypothèse H2. Le coefficient entre la facilité d'utilisation perçue et l'utilité perçue est le plus élevé à 0,80 au seuil de moins de 0,1 %, ce qui indique une forte relation entre les deux facteurs et confirme l'hypothèse H3.

PARTIE IV

L'INDUSTRIALISATION SELON LA THÉORIE DES AVANTAGES COMPARATIFS DES DÉPARTEMENTS D'UN PAYS : CAS DU CONGO

John Maynard Keynes, dans sa théorie des avantages comparatifs, s'inscrit dans le cadre du libre-échange entre économies nationales, c'est-à-dire l'économie internationale, et non au sein d'une économie nationale. Cependant, en nous inspirant de cette théorie keynésienne, nous allons transposer ce libre échange entre économies nationales au libre-échange entre économies des départements d'une Nation : la théorie des avantages comparatifs des départements d'un pays.

IV.L'industrialisation du Congo, selon les avantages comparatifs des départements

IV.1 : Définition de l'avantage comparatif

Etymologie de l'avantage : composé de *avant*, issu du bas latin *ab ante*, forme renforcée de ante, avant, et du suffixe –age.
Etymologie de comparatif : du latin *comparatus*, comparaison, rapport, proportion.

IV.2. La théorie des avantages comparatifs

L'avantage comparatif est une théorie économique classique du commerce international développée par l'économiste britannique David Ricardo (1772-1823) dans son ouvrage intitulé *Principes de l'économie politique et de l'impôt*, publié en 1817.
Cette théorie stipule que, dans un contexte de libre échange, si un pays se spécialise dans la production pour laquelle sa productivité est la plus forte (ou la moins faible) par comparaison avec ses partenaires, il accroît sa richesse nationale. On dit que, pour cette production, il détient un « *avantage comparatif* ». En corolaire, il devra acheter lesbiens qu'il ne produit plus.
Selon cette théorie, chaque pays a intérêt à se spécialiser dans les secteurs d'activités où son avantage relatif en termes de productivité est le plus élevé ou bien où son désavantage est le plus faible. C'est-à-dire que, même s'il est moins productif que ses partenaires sur tous ses produits, il doit se spécialiser sur ceux où l'écart de productivité en sa défaveur est le plus faible.
Exemple donné par David Ricardo : « *les coûts de production du vin au Portugal représentent 66% des coûts anglais (c'est-à-dire que cela revient moins cher d'un tiers de produire du vin au Portugal par rapport à l'Angleterre). De même, les coûts portugais pour le drap*

représentent 90% des coûts anglais. L'Angleterre n'a donc pas d'avantage absolu par rapport au Portugal, mais il est plus intéressant que l'Angleterre produise le drap et le Portugal, le vin, car les facteurs de production seront affectés là où ils sont relativement les plus efficaces.»

La théorie de l'avantage comparatif est une variante plus large de celle de l'avantage absolu du philosophe et économiste britannique Adam Smith (1723-1790) qui affirme qu'un pays doit produire là où il est le meilleur pour commercer avec un pays qui a un avantage absolu différent du sien.

Le principal enseignement de l'avantage comparatif est que, quelle que soit sa compétitivité nationale, dans une situation de compétition idéale, un pays tirera toujours un avantage à s'ouvrir au commerce international. C'est la raison pour laquelle cette théorie est utilisée par les partisans du libre échange contre ceux du protectionnisme. Elle est aussi le fondement de la doctrine de l'Organisation mondiale du commerce (OMC).

Même si elle n'a pas de réfutation formelle, la théorie de l'avantage comparatif est l'objet de différentes critiques :

Elle ne prend pas en compte les rapports de force entre partenaires. Celui qui prend une production n'en retrouve pas nécessairement une autre suffisante pour la remplacer.

Les gains pour un pays peuvent disparaître à terme en cas de déclin d'un secteur d'activité où il avait initialement un avantage comparatif,

Si la richesse d'un pays s'accroît, sa répartition au sein des différents acteurs peut évoluer au détriment de certains, comme les plus pauvres.

Cette théorie peut également s'appliquer à tous les acteurs économiques, aux entreprises notamment, aux groupes sociaux et à l'activité humaine en général. Elle est à relier à la tendance à la spécialisation et à la division du travail que l'on constate au sein des sociétés modernes.

IV.3. Le maillage du Congo en industries

En s'appuyant sur la théorie de David Ricardo sur les avantages comparatifs des départements, nous proposons la conception d'une politique « d'industrialisation rapide » de chaque département du Congo.

L'industrialisation rapide se fait par le maillage du territoire national en construction rapide d'usines en tenant compte des spécificités des localités qui regorgent telle ou telle autre matière première. Que la construction des usines se fasse en fonction des ressources naturelles de chaque localité. Cette industrialisation pourrait se faire de la manière suivante :

1. Département du Kouilou : Usine de séchage de poisson ;
2. Département du Niari : Usine de sucre ;
3. Département de la Bouenza : Usine d'arachide;
4. Département de la Lékoumou : Industrie de bananes plantains;
5. Département de la Cuvette et de la Cuvette-ouest : Usine de manioc et d'huile de palme.
6. Département de la Cuvette-ouest : Usine de transformation de l'or, industrie touristique ;
7. Département de la Likouala : Usine des bois et des produits forestiers.
8. Département des Plateaux : Usine d'igname et de tabac ;
9. Département du Pool : Usine de transformation de fruits;
10. Département de la Sangha : Usine de café, cacao.

V. Les propositions (suggestions)

Proposition I : Création de la banque de développement du Congo (B.D.C.)

- **Constat :**

Le Congo, notre pays, regorge d'énormes richesses, mais son économie reste celle d'un pays en voie de développement. L'émergence et le développement économique de notre pays restent de grands défis à relever. Le développement de l'agriculture, l'industrialisation, l'entrepreneuriat, inverser la pyramide du commerce en faveur des commerçants nationaux, résorber le chômage, la création des emplois restent de véritables enjeux et chantiers.
Les matières premières et les ressources naturelles du Congo sont sous-exploitées, faute de technologie et de moyens d'exploitation.
Le Congo compte une douzaine de banques commerciales. Banques sont sur liquides, mais leur épargne à vue est à court terme et ne favorise pas l'octroi des crédits à long terme, d'où la nécessité de créer une banque de développement, des banques d'affaires et une Agence nationale de leasing (crédit bail).
La micro-finance et ses produits sont moins développés. Il existe plusieurs exclus du système des banques classiques.

- **Analyse :**

Pays membre de la CEMAC, le Congo compte une douzaine de Banques commerciales, il fait partie de la BEAC et de la BDEAC avec pour monnaie en partage le FCFA. Même si les banques du Congo sont sur liquides, le Congo reste un pays sous-bancarisé à hauteur de 13,3% à fin 2015, contre le Gabon 20%, le Cameroun 18%, le Tchad 5%.

Les établissements bancaires et de micro-finances moins développés avec des services peu connus des usagers ne sont concentrés que dans les grandes agglomérations (Brazzaville, Pointe-Noire, Dolisie, Ouesso, Nkayi).
L'agriculture, l'industrialisation, l'entreprenariat, le commerce, les services et autres secteurs d'activités du développement économique restent des gisements sous-exploités faute de culture des affaires, de financements, de technologie et de moyens d'exploitation (tracteurs, machines, savoir-faire…).
Il existe plusieurs pays au monde qui ont des moyens financiers, des technologies, des machines d'exploitation, de grands entrepreneurs, des firmes multinationales qui cherchent des débouchés et des marchés pour investir et attendent des sollicitations, des partenaires des pays en voie de développement (U.S.A, Chine, Émirats Arabes unis, Russie, France, Katar, Turquie, îles Caïmans, Canada, Suisse, Suède,…)
L'État doit mettre en place un cadre législatif propice à l'assainissement de l'environnement des affaires, favorisant les Congolais de souche au détriment des non-nationaux.
Exemple : boulangerie, hôtellerie, les boutiques et les services…
Nos suggestions :
1. La création de la banque de développement du Congo (B.D.C.)
Aller dans les pays développés pour rechercher des financements innovants et des partenaires susceptibles de faire créer la banque de développement, la banque des affaires, et/ou la banque des investissements.
2. La création de l'agence nationale du leasing (Crédit bail en sigle A ? N ? L)
Mettre en place un cadre législatif propice et régissant l'activité du leasing (crédit bail) au Congo.

Élaborer un arsenal juridique susceptible de changer la pyramide de l'entreprenariat et le commerce en faveur des nationaux.

3. La bancarisation du pays (par les banques et les établissements de la micro-finance (E.M.F).

Étudier un mécanisme de développement de la micro-finance afin de mailler le territoire national en infrastructures bancaires et de micro-finance en vue d'augmenter le taux de bancarisation du Congo et de diminuer le quota des citoyens exclus du système bancaire classique.

La création des chambres de commerce dans les quartiers et localités du Congo ainsi que dans les ambassades du Congo dans ces pays développés (Dubaï, Katar, Russie, Chine…).

4. Mise en place de l'Agence pour la promotion de la bonne gouvernance.

5. Mise en place de l'Agence nationale de l'évaluation de la bonne gouvernance.

6. Le secteur lié à la finance et à l'économie nous intéresse.

Proposition II : La révolution agricole

1. "La révolution de la terre"

- **Constat :**

1- Le Congo couvre une superficie de 342.000 km^2, dont 60% de forêts et 40% de savanes. À l'ouest, le Congo dispose d'une façade maritime longue de 180 km sur l'Océan Atlantique avec un climat de type subéquatorial, contre un climat de type tropical au Nord. C'est un pays béni de Dieu naturellement.

Il regorge de terres arables non exploitées. Seulement 3% des 8 millions d'hectares de terres cultivables sont exploitées de nos jours malheureusement avec des moyens traditionnels.

2- L'agriculture reste le secteur pauvre de l'économie congolaise. Une agriculture majoritairement de subsistance, aux techniques de production rudimentaires et un manque de bras dans les campagnes, plus de la moitié de la population vivant en milieu urbain. Un exode rural occasionné par l'activité pétrolière.
3- La production vivrière est inférieure à la demande intérieure. Le déficit est comblé par l'importation massive des produits alimentaires chiffrée à : soixante-huit milliards cent vingt-six millions (68,128) de F.CFA en 1996 ; quarante-neuf milliards neuf cent soixante-deux millions (49,962) de F.CFA en 1997, soixante-quinze milliards deux cent soixante-dix-neuf millions (75,279) de F CFA en 1998.
4- L'agriculture ne contribue qu'à hauteur de 4% au PIB (Produit intérieur brut) et le Congo importe, chaque année, quelque 120 milliards de FCFA de denrées alimentaires, représentant près de 12% des recettes d'exploitation du pays, selon le plan national de développement 2012-2016 du Congo.
5- Depuis l'accession du Congo à l'indépendance en 1960, plusieurs objectifs ont été fixés, et plusieurs politiques agricoles ont été expérimentées sans succès, à savoir :
   - l'autosuffisance alimentaire d'ici à l'an 2000 ;
   - la politique autocentrée, autodynamique ;
   - la politique d'une école un champ ;
   - les villages agricoles à l'instar de Loudima, berceau du premier établissement de micro-finance du Congo, la COOPEC, actuelle MUCODEC, avec l'expérience de la production des mangues greffées, projet actuellement repris par les Namibiens.

L'agriculture congolaise souffre de plusieurs maux à savoir :

- La recrudescence du phénomène de l'exode rural ;

- L'analphabétisme agricole ;
- Le mépris du travail de la terre et du métier d'agriculteur ;
- La mauvaise exploitation du climat pluviométrique et du relief pourtant très propices à l'agriculture ;
- L'existence d'un conflit permanent entre l'État, les propriétaires fonciers et les agriculteurs sur l'exploitation des terres arables. Ceci est un handicap au développement de l'agriculture au Congo ;

6- Le Congo connaît un taux très élevé d'importation des produits alimentaires : produits surgelés, œufs, oignons, fruits, tomate, ciboulette, carotte, pommes de terre, légumes… ;

7- La Banque CAIC (Crédit agricole et industriel du Congo), dont la vocation initiale était de financer l'agriculture et l'industrie est devenue une banque commerciale, comme toutes les autres banques de la place.

Le fonds de soutien à l'agriculture du Congo actuel ne produit pas les résultats escomptés.

- **<u>Analyse :</u>**

1. Depuis son indépendance, le Congo, notre pays, a expérimenté plusieurs politiques agricoles qui sont restées au stade de slogan.
2. Les différents objectifs fixés, les différentes politiques et stratégies expérimentées n'ont pas donné les résultats escomptés.
3. Le Congo importe tout ou presque. La part du PIB qui va en dégringolant en prix courant en pourcentage d'agriculture, d'élevage, de la chasse, de la pêche et d'exploitation forestière est:

- 1998 : 11,0%
- 1999 : 8,4%
- 2000 : 5,3%
- 2001 : 5,8%
- 2002 : 6,3%
- 2003 : 6,5%
- 2004 : 5,9%
- 2005 : 5,4%

(Source : Autorités gouvernementales).

4. Une agriculture embryonnaire ne contribue qu'à hauteur de 4% au PIB.

- **Suggestions :**

1. L'État doit revenir aux fondamentaux de sa fonction régalienne : inventer, organiser, réguler, orienter l'économie.
   Aucun pays au monde ne s'est développé sans que l'État ait fait un choix d'une ou des stratégies de développement, défini une politique adéquate et élaboré un plan hiérarchisé, chiffré et réalisable à court, moyen et long termes.

2. Par une politique de Gestion axée sur les résultats (G.A.R.), l'État doit s'impliquer dans les différents secteurs de l'économie. Il existe trois secteurs légendaires, mais nous proposons comme secteur de base « le secteur zéro ».
   Ainsi, la classification devient :
   a. Le secteur zéro (donner la priorité à l'école, à l'éducation, à la formation, à la qualification, à la morale, à l'éthique, au logiciel mental, au renforcement des capacités par des stages pratiques…). De notre point de vue, la révolution culturelle reste la base du développement.
   b. Le secteur primaire (agriculture, élevage, pêche) ;
   c. Le secteur secondaire (industrialisation) ;

d. Le secteur tertiaire (commercialisation des produits agricoles, de l'élevage, de la pêche et les produits manufacturés) ;

3. Mener des campagnes de sensibilisation à la Télévision et à la Radio pour faire la promotion de l'agriculture, la pisciculture, des agriculteurs, des éleveurs, afin de faire prendre conscience aux Congolais de l'intérêt de ces secteurs et de ces métiers.

4. Favoriser la décentralisation agricole à travers l'industrialisation des avantages comparés par département : implanter dans chaque département ou localité une usine de transformation de son produit de base.
   Exemple :
   - Usine de café dans la Sangha ;
   - Usine de sucre dans le Niari ;
   - Usine d'igname à Gamboma ;
   - Usine d'arachide dans la Bouenza ;
   - Usine de transformation de fruits dans le Pool ;
   - Usine de manioc et d'huile de palme dans la Cuvette…

5. Faire prendre un projet de loi sur :
   - le métayage (Contrat d'exploitation agricole dans lequel un propriétaire donne en contrat de bail un domaine rural pour une durée déterminée contre partage des profits et des pertes).
   - l'expropriation de la terre par l'État pour l'intérêt agricole afin d'éradiquer le problème de propriétaires fonciers (Nfumu Ntoto).
   - Recenser les agriculteurs, les éleveurs, les pêcheurs et faire un état des lieux des départements, des dis-

tricts et des localités producteurs de produits agricoles, d'élevage et de pêche.

6. L'État doit faciliter, encourager et stimuler la production et l'écoulement des produits agricoles.
   Pour stimuler la production des agriculteurs par l'achat de leurs produits, il importe de réhabiliter la politique de l'Office du cacao et du café (OCC), l'Office des cultures vivrières(OCV), L'Office national de l'importation de la viande en gros (ONIVEG) et l'Office national du commerce(OFNACOM).

7. Susciter l'intérêt pour le travail de la terre qui doit aboutir à la mécanisation et à la production des produits agricoles en vue de l'implantation d'une industrie dans chaque département et du développement du commerce (import/export).

8. Faire des missions d'immersion dans les pays agricoles, d'élevage et de pêche comme le Mali (élevage), le Bénin (pêche), le Maroc (élevage), le Rwanda (agriculture), la Côte-d'Ivoire (agriculture), le Vietnam (agriculture), le Brésil(agriculture), le Burkina Faso (agriculture), le Ghana (agriculture), le Tchad (élevage), l'Afrique du Sud (pêche), le Sénégal (pêche), la Chine (pêche)…

9. La nécessité de création d'une banque de crédit agricole pour financer les projets agricoles, de l'élevage, de la pêche et industriels ;

10. Pratiquer le greffage des cultures pour l'amélioration de la qualité des produits et l'augmentation de la production.

11. La création d'un centre de recherche et de formation agricole.

12. La production agricole, industrielle des produits « Made in Congo » susceptibles d'être commercialisés au plan national, sous-régional et international.

13. Booster, stimuler, dynamiser, révolutionner le secteur agro-pastoral.

14. Prendre attache avec les fournisseurs étrangers des machines agricoles (les tracteurs, les semeuses, les pondeuses…) et autres équipements connexes à l'activité agricole.

15. Créer un établissement de micro-finance à vocation agricole, à représentativité nationale (une antenne dans tous les départements et districts pour collecter l'épargne et accorder des microcrédits aux agriculteurs) ;

16. Subvention de l'État de ces structures agricoles par le crédit bancaire et/ou des établissements de micro-finance.

Proposition III : La révolution pastorale

- **Constat :**

1. Le Congo couvre une superficie de 342.000 km^{2}avec une vaste région forestière et compacte d'environ 230 millions d'hectares.
   Les forêts abritent naturellement plus de 400 espèces de mammifères, et plus de 1000 espèces d'oiseaux.
2. Il est doté d'un climat, d'un relief et d'une végétation très favorables à l'élevage. Cependant, le sec-

teur de l'élevage n'a guère été performant au cours des vingt dernières années.

3. L'élevage au Congo se heurte à de nombreuses contraintes socio-économiques et institutionnelles. On peut citer entre autres :
   - Lc manquc d'unc politiquc gouvernementale pour le développement de l'élevage ;
   - Le manque de culture et d'intérêt des Congolais pour l'élevage et les métiers d'élevage ;
   - Le faible taux d'investissement dans le secteur de l'élevage y compris en mobilisations, infrastructures et recherche ;
   - Les systèmes de commercialisation et de la législation foncière inadaptés ;
4. Le manque de personnel suffisamment qualifié et expérimenté rend insurmontables les difficultés qui entravent le développement du secteur de l'élevage.
5. L'influence limitée des collaborateurs de haut niveau des services de l'élevage sur l'élaboration des politiques, notamment en matière de financement de ces services.
6. Les services de l'élevage et les services vétérinaires gouvernementaux n'assument pas leur responsabilité en matière de la recherche et de mise en œuvre des solutions techniques. Ainsi, toutes sortes d'échecs enregistrés dans le sous-secteur de l'élevage sont imputées à ces services.
7. Absence d'un état des lieux actualisés de la situation qui a prévalu au cours des quinze à vingt dernières années en matière d'élevage et de denrées d'origine animale.

- **Analyse :**

1. Le secteur de l'élevage souffre du manque d'une politique gouvernementale visant sa promotion et son développement (absence de campagnes médiatiques sur ce secteur et ses acteurs).
2. Les produits de l'élevage au Congo ne contribuent qu'à 25% à la production alimentaire totale. Les éleveurs congolais produisent essentiellement pour leur propre consommation.
3. L'importation de la viande de bœuf et du lait est devenue nécessaire pour répondre à une demande croissante et non satisfaite.

La croissance démographique, l'élévation des revenus et le phénomène de l'urbanisation dans les pays africains ainsi que les subventions accordées par l'Europe pour l'exportation de la viande de bœuf et des produits laitiers ont stimulé les importations au Congo. Ce qui entraîne une extrême dépendance des importations de produits laitiers.

- **Suggestions :**

1. Élaborer et/ou améliorer une politique cohérente pour développer le secteur de l'élevage.
2. Mener une campagne médiatique sur l'élevage afin de promouvoir la production de viande, de lait et des œufs qui représente les deux tiers de la valeur brute de la production animale.
3. Augmenter le nombre d'animaux (cheptel bovin) pour accroître la production totale : faire prendre conscience de la contribution indirecte de l'élevage à la production alimentaire essentiellement au bénéfice des cultures, mais également de l'élevage, grâce au recyclage des produits issus de celui-ci, par exemple céréales destinées à l'alimentation animale, farine d'os, fumier de volaille.

4. Subventionner le secteur de l'élevage au moyen des crédits bancaires (bancarisation de ce secteur).
5. Faire un état des lieux du secteur de l'élevage (Relief, départements et localités propices à la pratique de l'élevage).
6. Adopter de nouvelles technologies et augmenter la production par des politiques nationales innovantes.
7. Encourager les vétérinaires et les zootechniciens à renouer avec leur première mission qui est celle de rechercher et/ou de mettre en œuvre les solutions techniques aux problèmes de production animale.
8. Rechercher les solutions aux problèmes liés aux contraintes suivantes :
   - Alimentation et nutrition animale ;
   - Facteurs génétiques ;
   - Problèmes de santé animale ;

<u>Proposition IV :</u> La révolution piscicole

- **<u>Constat :</u>**

1- L'aquaculture introduite au Congo au début des années 50, sous la forme de pisciculture avec la création d'un Centre fédéral de recherche et de formation en pisciculture de l'Afrique équatoriale française, souffre d'un abandon général depuis l'accession du pays à l'indépendance et, ce, malgré la relance des activités piscicoles qui a eu lieu dans les années 70-80 grâce à une série de projets d'assistance.

2- Le Congo dispose de nombreux atouts et potentialités, cependant il n'a pas encore mis en place une politique ou un plan national concernant le développement de l'aquaculture (pêche au large de Pointe-Noire, à Mossaka ; sur le fleuve Congo, sur la Likouala aux herbes et la Libenga ; …)
De même, on note le manque chronique d'agents d'encadrement et de cadres spécialisés et bien formés.

3- La majeure partie de la production est destinée à l'autoconsommation.
La pratique de l'aquaculture à l'échelle familiale (système d'élevage extensif) et à l'échelle artisanale (système d'élevage semi-intensif) ne répond pas à la demande du marché national et international.
4- L'absence d'une politique nationale de développement de l'aquaculture et d'un plan d'action à court, moyen et long termes.
5- L'accès à la terre et à l'eau conditionné par le paiement d'un loyer pour les exploitants aquacoles qui n'appartiennent pas à une famille détentrice d'un domaine foncier.
6- L'irrégularité du recensement national des pisciculteurs depuis la fin des troubles sociopolitiques entraîne une connaissance fragmentaire sinon partielle des données concernant le potentiel piscicole actuel.

Le nombre d'étangs en exploitation n'est pas connu avec précision.

- **Analyse :**

L'aquaculture congolaise se caractérise par :

1. **Au plan administratif :**
    - Instabilité du département ministériel pour gérer le secteur de la pêche (à chaque remaniement, accolé à tel ou tel autre ministère).
    - Le non-respect des textes législatifs en vigueur ;
    - Absence de données statistiques sur le secteur ;

2. **Au plan technologique :**
    - Manque d'infrastructures, d'aliments, d'alevins de qualité en quantité suffisante.

3. **Au plan socio-économique :**
   - Manque de cadres supérieurs formés dans ce domaine.
   - Absence de structures de financement.
   - Faible capacité de production des exploitants aquacoles.

Une offre inférieure à la demande tant sur le plan national qu'international.

- **Suggestions :**

1. L'État doit revenir aux fondamentaux de sa fonction régalienne : inventer, organiser, réguler, orienter les activités du domaine de la pêche.
Élaborer une politique nationale de développement de l'aquaculture et d'un plan d'action, inspirés de la requête sous forme de TCP introduite à la FAO en 2005.
Aucun pays au monde ne s'est développé sans que l'État ait fait un choix stratégique de développement, défini une politique adéquate et élaboré un plan hiérarchisé, chiffré et réalisable à court, moyen et long terme.
2. Mener des campagnes de sensibilisation à la Télévision et à la Radio pour faire la promotion de l'aquaculture (pêche) afin de faire prendre conscience aux Congolais de l'intérêt de ce secteur.
3. Faire un état des lieux, recenser les localités à vocation piscicole.
Doter ces localités d'infrastructures de pêche (bateaux, filets, aliments, alevins, engrais organiques…)
Donner la possibilité aux aquaculteurs d'échanger entre eux les alevins de repeuplement des étangs en renouvelant leur stock de géniteurs.
Implanter des usines.
Mettre en place un mécanisme de commercialisation (comptoirs, offices, entreprises d'achat, de vente et de revente en vue de l'exportation).

4. Mettre en place des centres de formation et de renforcement de capacité dans les différentes localités piscicoles.
5. Faire des voyages d'immersion dans des pays à vocation piscicole en vue de signer des accords de partenariat technique.
6. Proposer un cadre législatif visant à exonérer le secteur de la pêche des droits de douane et de la fiscalisation.
7. Subventionner le secteur de la pêche par un mécanisme de micro-finance.
Mettre à disposition de la Direction de l'aquaculture du Fonds d'aménagement halieutique (FAH) institué par décret n°94-345 du 1er août 1994 destiné à financer les actions nécessaires à la gestion et au développement des activités de la pêche.
8. Introduire dans ce secteur la Gestion axée sur les résultats (G.A.R.) afin de :
-Fixer des objectifs (à court, moyen et long termes) ;
-Faire des évaluations périodiques (trimestrielles, semestrielles et annuelles) ;
-Redéfinir les priorités après chaque évaluation.
9. Redynamiser l'actuel Centre piscicole national de Djoumouna.
10. Mettre en place un programme spécialisé pour relancer les activités aquacoles en réhabilitant les stations domaniales et la reprise des activités du projet de Pisciculture paysanne afin d'assister les pisciculteurs privés.
11. Encourager la pratique du système semi-intensif par les aquaculteurs dans les exploitations piscicoles privées en milieu périurbain et dans les exploitations piscicoles gouvernementales.
12. Diversifier la culture des espèces aquacoles limitée actuellement à celle du tilapia du Nil élevé en étang.
13. Rouvrir officiellement le Projet de développement de la pisciculture rurale dont la fermeture en 1995 a entraîné

le déclin du niveau de production aujourd'hui inférieur à 50 tonnes.

14. Assurer le suivi et l'assistance des aquaculteurs en augmentant l'effectif des formateurs.

15. Renforcer la production de travail des aquaculteurs âgés ou en mauvais état de santé en intéressant les jeunes au métier d'aquaculteur.

16. Encourager les trois ministères (Éducation, Enseignement supérieur et Formation qualifiante) qui s'occupent de l'Éducation nationale au Congo à dispenser quelques modules de pisciculture.

Proposition V. Fixation des tarifs du transport urbain selon le statut social (adultes, enfants, personnes vivant avec handicap, étudiants, personnes du 3e âge, serviteurs de la nation…)

- **Constat :**

1) La Charte des Nations Unies reconnaît la prise en charge des personnes vulnérables, c'est-à-dire les personnes vivant avec handicap, les enfants, les personnes du 3e âge bien fatiguées, les ex-combattants et les mutilés de guerre…
2) Le Congo compte parmi les pays signataires de la Charte des Nations Unies ;
3) Le sens élevé des valeurs humaines impose à notre conscience collective de tendre la main à l'être humain en détresse ou dans le besoin ;
4) Au Congo, notre pays, le constat amer est que dans le transport urbain, par bus comme par taxi, une personne valide paie le même tarif que les personnes vulnérables supra-citées.

   Exemple :

   - Un enfant de 5 ans, une personne handicapée physique, un mutilé de guerre, une personne du 3e âge (bien fatiguée) paient 150F CFA au même titre qu'une personne valide.

- Le même phénomène s'observe pour le paiement de la course de taxi à 1.000F CFA autant pour les personnes valides que pour les personnes vulnérables.

- **Analyse :**

1. Les scènes d'indignation observées de tout temps dans les bus où une maman voyageant avec son enfant sur les jambes, une fois arrivée à destination, est menacée par le contrôleur de payer le même tarif pour l'enfant qui pourtant n'a pas occupé une place assise.
2. Dans les bus et les taxis, les handicapés physiques, les personnes du 3e âge (très fatiguées) et les mutilés de guerre, subissent un parcours de combattant, des humiliations et paient le même tarif que les personnes valides, ce qui est une injustice sociale.
3. Au Congo, notre pays, les hommes qui ont rendu de grands services à la nation, tels que les ex-combattants, à l'instar des anciens combattants, en France, ne bénéficient d'aucun privilège dans le transport urbain. On a l'impression que la République n'est pas reconnaissante vis-à-vis de ses grands serviteurs. Voilà pourquoi nous proposons que les ex-combattants qui ont beaucoup donné à la République de manière singulière bénéficient d'un statut particulier et d'une carte d'ex-combattant spéciale, leur donnant droit à un tarif préférentiel de transport. L'idéal serait que ces grands hommes bénéficient d'une remise.

- **<u>Nos suggestions :</u>**

1) Proposition d'un projet de loi au Gouvernement par le biais du ministère des Affaires sociales, de l'Action humanitaire et de la Solidarité, dénommée **« Loi Clément MOUAMBA sur la catégorisation de la tarification du transport urbain au Congo»** qui, une fois validée par le Gouvernement, devrait être introduite au Parlement et au Sénat pour adoption. Ainsi, notre gouvernement procédera à l'humanisation de la tarification du transport urbain au Congo.
2) Ce projet de loi donnera naissance à des projets de délibération qui seront votés par les différents Conseils municipaux de chaque Département du Congo.
3) En contrepartie de la baisse des prix du transport urbain par catégorie sociale, le Gouvernement de la République peut concéder aux transporteurs publics et privés une réduction ou une exonération fiscale de la part des autorités municipales des différentes entités urbaines sur la taxe de roulage, la veritas, la taxe sur les armoiries de la République... ;
4) Cette politique obéit à un recensement préalable des différentes catégories sociales concernées en vue de l'établissement d'une carte de membre de cette couche sociale vulnérable.
   <u>Exemple</u> :
   - Carte d'invalidité ;
   - Carte d'ancien combattant ;
   - Carte de mutilé de guerre ;
   - Carte de mineur (de 0 à 12 ans) ;
   - Carte de personne du 3e âge (bien fatiguée).
5) La catégorisation des prix du transport urbain permettra de vaincre les inégalités et les injustices so-

ciales et fera preuve d'une politique de défense ou d'une sécurité sociale en faveur des couches sociales vulnérables.

Ce projet de loi, une fois adopté, améliorera d'une manière ou d'une autre le pouvoir d'achat des personnes vulnérables : c'est très humain.

Exemple :

- Pour les bus : 150F CFA pour les personnes valides contre 100F CFA pour les personnes vulnérables supra-citées ;
- Pour les taxis : 1000F CFA pour les personnes valides contre 500F CFA pour les personnes vulnérables supra-citées ;

Proposition VI : Construction d'un Foyer des ex-combattants au Congo-Brazzaville (F.E.C)

Constat :

1. À l'instar des Français qui avaient créé un Foyer des anciens combattants pour gérer et conditionner les anciens combattants qui les avaient aidés pendant la Deuxième Guerre mondiale, le Gouvernement du Congo-Brazzaville devrait créer un Foyer des ex-combattants pour gérer et conditionner les ex-miliciens qui ont pris part aux différentes guerres civiles sans distinction (Cobras, Ninjas, Cocoyes, Nsilulu, Aubervillois, ...).
2. Selon l'Organisation internationale des migrants (OMI), le Congo comptait près de 15.000 ex-combattants au sortir des guerres civiles de 1993, 1997 et 1998 ;
3. Au Congo-Brazzaville, la résurgence des conflits dans le département du Pool, plus de 10 ans après la fin des

guerres civiles, démontre que la situation des ex-combattants reste une préoccupation majeure.

4. Les différentes campagnes de désarmement, de démobilisation et de réinsertion (D.D.R) n'ont pas donné les résultats escomptés.

La nécessité de poursuivre le travail de désarmement, de démobilisation et de réinsertion des ex-combattants s'impose au Gouvernement de la République.

- **Analyse :**

1. Les programmes de réinsertion ci-après initiés par le Gouvernement et l'Organisation internationale des migrants (OMI) n'ont pas atteint leurs objectifs :

- Le Projet de réinsertion socio-économique des groupes défavorisés (PARSEGD) financé en grande partie par la Banque africaine de développement (BAD) à hauteur de 20 milliards de Fcfa ;
- L'aide de 250.000 Fcfa accordée par l'Organisation internationale des migrants (OMI) à chaque ex-combattant contre la restitution des armes de guerre et munitions par ces derniers.

2. Le programme de désarmement des ex-combattants n'a pas été suivi par un programme de démobilisation et de réinsertion des ex-combattants à l'instar du DDR expérimenté en Côte d'Ivoire ;

3. La non-démobilisation des ex-combattants, restés sous l'influence des chefs de guerre expose ces derniers à un risque récurrent de reprendre les armes (cas de la situation sécuritaire actuelle du Pool).

- **Suggestions :**

1. Proposition de construction d'un foyer des ex-combattants au Congo-Brazzaville (dans la zone périphérique de Brazzaville-Nord).

2. Accueillir, recenser et attribuer des cartes pour le statut d'ex-combattant.
3. Le foyer des ex-combattants devrait abriter :
   - Une caserne de passage des ex-combattants, un réfectoire, une école d'instruction civique, une église, une école des métiers, un centre de sport (football, basketball, volleyball, natation, cyclisme…).
4. Le Foyer des ex-combattants aura pour objectifs :
   - D'apporter une assistance alimentaire aux ex-combattants ;
   - De permettre une prise en charge sanitaire des ex-combattants ;
   - De promouvoir la réconciliation, la paix et le vivre-ensemble ;
   - Renforcer le civisme et prévenir les conflits ;
   - Permettre la réinsertion des ex-combattants en facilitant l'accès au microcrédit pour financer des activités génératrices de revenus ;
   - Orienter les ex-combattants vers les métiers de l'informel tels que : la cordonnerie, la menuiserie, la maçonnerie, la mécanique, la peinture, la boulangerie, la couture, la vannerie, la briqueterie, la soudure, l'agriculture, le commerce, la photographie, le sport professionnel…).
   - Encourager la bancarisation de ces activités informelles en vue de les formaliser afin de faciliter l'accès au crédit bancaire ;
   - Assurer une prime d'au moins 50.000F CFA pendant la période de formation ;
- Établir une carte d'ex-combattant qui donnera droit à la gratuité dans les hôpitaux, les transports publics…, durant toute leur phase de réinsertion.

5. Par cette politique, le Gouvernement de la République va dynamiser sa politique sociale pour le conditionnement de la jeunesse, en vue du désarmement, de la démobilisation et de la réinsertion des ex-combattants : c'est la prévention des conflits.

Proposition VII : La loi sur la responsabilité des usagers des services de l'internet

- **Constat :**

1. Le progrès technique a révolutionné le monde des TIC. L'humanité bénéficie des services de l'internet allègrement non sans corollaires.
2. Dans plusieurs pays du monde, l'internet est un moyen de communication et un outil de travail indispensable. Cependant, au Congo notre pays, on note des dérives excessives dans l'usage des services de l'internet.
3. Les Occidentaux ont inventé l'internet pour le progrès technique, mais les Africains l'utilisent pour l'intox, la désinformation, la diffamation et la régression sociale.
4. Au Congo, l'action gouvernementale laisse apparaître un vide juridique sur la réglementation, la récrimination, la verbalisation et autres pénalités inhérentes à l'usage de l'internet par les personnes morales et physiques.

- **Analyse :**
  1. Au Congo, les réseaux sociaux (whatsApp, Twiter, Facebook, YouTube, Yahoo, Gmail, etc.) deviennent un véritable vecteur, un espace de la cybercriminalité. Le contenu illicite des messages cause des préjudices dans la société sans pénalité pour les auteurs des actes répréhensibles.
  2. Les hommes politiques, les chefs d'entreprises, les conjoints, les jeunes filles et garçons sont l'objet au quotidien des harcèlements de toute sorte, de

l'intox, de la manipulation, du chantage, des humiliations, de la diffamation sans bénéficier d'aucune sorte de protection de la loi et/ou d'une action vigoureuse des services de répréhension.

3. Le succès mondial de l'usage de l'internet au Congo ne bénéficie d'aucune loi garantissant les droits, les devoirs et les peines dans l'usage des services de l'internet par les personnes morales et physiques.

- **Suggestions :**
  1. Adoption d'une loi au Congo sur la réglementation de l'usage des services de l'internet garantissant les droits, les devoirs et les peines.
  2. Mener des campagnes de sensibilisation, de moralisation et d'éducation de la population sur l'usage à bon escient des services de l'internet.
     Promouvoir l'internet comme outil d'information, de communication, de recherche scientifique et comme outil de travail dans les administrations publiques et privées.
  3. Faire connaître aux usagers des services de l'internet, leurs droits, leurs devoirs et leurs peines prévus par la loi et veiller à ce qu'il y soit rigoureusement donné suite.
  4. Les fournisseurs d'accès à l'internet (facturation), les prestataires des services internet, les usagers des services internet doivent savoir que celui qui cause un préjudice à autrui doit rencontrer la force de la loi et doit être sanctionné sans complaisance afin de mettre un terme à la cybercriminalité au Congo.

Proposition VIII : Mise en place d'une cour de justice spéciale contre « les détourneurs » des deniers publics pendant la municipalisation accélérée de 2004 à 2016 « Opération mbongo é bima ! ».

- **Constat :**

1. Le Congo notre pays n'a jamais été aussi riche financièrement que pendant la période des différentes municipalisations accélérées de 2004 à 2016.
2. La municipalisation accélérée de 2004 à 2016 a eu le mérite de poser les jalons du maillage de l'ensemble des départements du Congo en infrastructures de base (routes, ponts, aéroports, bâtiments administratifs, électricité, eau potable, hôpitaux, équipements et produits pharmaceutiques, mobilier et fournitures de bureau, véhicules de fonction, fourniture des technologies de pointe…).

Cependant, cette période de municipalisation accélérée a enregistré beaucoup de cas de détournements de deniers publics. Certains compatriotes ont signé des marchés de gré à gré ou bénéficié des marchés d'appel d'offres, ils n'ont jamais ni rien fourni ni rien construit, mais se baladent impunément dans le pays avec de grosses sommes d'argent perçues, preuves à l'appui, au Trésor public, dans les banques et dans les ministères.

4. Aujourd'hui, notre pays présente des indicateurs financiers qui sont à l'orange et tendent à virer au rouge, si l'on y prend garde.

- **Analyse :**

1. La dette intérieure et extérieure du Congo a atteint des proportions inquiétantes actuellement. Plusieurs structures enregistrent 5 à 10 mois d'arriérés de salaires. Les atermoiements du Fonds monétaire international (FMI) pour venir en aide financièrement imposeraient notre pays à concevoir des plans A (FMI, divers bailleurs de fonds…)

et des plans B (vente des ressources naturelles, recouvrement musclé des deniers publics détournés…) afin de faire face à la crise financière actuelle.

2. Le Congo, notre pays, enregistre une fracture sociale qui affiche, d'un côté, une majorité silencieuse qui croupit dans la misère et attend tout de l'État ; de l'autre, une minorité oligarchique qui a détourné les deniers publics pendant la municipalisation accélérée, continue à gérer les deniers publics et circule impunément dans le pays.

3. Au regard des rapports des Panama Papers (comptes bancaires trop nantis), et du train de vie de certains concitoyens qui affichent une opulence compromettante (achat des villas « coin-ti-coin », construction des immeubles, achat des véhicules d'opulence, achat des biens immobiliers à l'étranger dans des quartiers huppés…), une stratégie de recouvrement musclé des deniers publics détournés s'impose pour renflouer les caisses de l'État.

- **Suggestions :**

1. Cette opération « **Mbongo é bima** »vise un double objectif :

a) Procéder au recouvrement des sommes détournées par des entreprises et des particuliers pour renflouer les caisses de l'État.

b) Faire une pédagogie de la morale et de l'éthique sur la gestion des deniers publics pour le présent et pour l'avenir.

2. Le recensement en toute discrétion des contrevenants, le limogeage des présumés détourneurs des deniers publics.

3.Utiliser les syndicats des travailleurs, les associations des jeunes, des femmes, les partis politiques et organisations affiliées, bref, utiliser le peuple pour exiger la mise en place de cette cour de justice spéciale contre les détour-

nements des deniers publics (organisations des causeries-débats, conférences de presse, manifestations, avec un seul mot d'ordre à la bouche : « **Mbongo é bima !** »).
Mettre en jeu une enveloppe de 10% au profit de tout dénonciateur dans l'anonymat des niches et des propriétaires d'argent.

4. Mettre en place une cour de justice spéciale contre les détournements des deniers publics.

5. Créer une prison spéciale pour les détourneurs des deniers publics. Ils ne pourraient être libérés qu'après le remboursement de la somme détournée. L'État leur concéderait 10% de la somme détournée avant d'être libérés. En cas d'incapacité de remboursement, l'État devrait saisir les biens des contrevenants et procéder à la vente aux enchères.

6. Au regard des vagues que cette opération susciterait, l'État devrait doubler d'effort et de vigilance sur le plan sécuritaire, car le danger qui guette cette opération, c'est un complot contre le régime en place.

7. Leçons à tirer :
- Que les futurs gestionnaires puissent avoir peur de détourner les fonds publics.
- Que cela serve de jurisprudence pour les générations à venir ;
- Que pour les deniers publics détournés, tôt ou tard, les poursuites judiciaires vous rattraperont ;
- Introduction d'exigence éthique et morale dans la gestion des fonds publics.

Proposition IX : La solidarité humaine

- **Constat :**

1. Au Congo, notre pays, les populations sont confrontées à de multiples problèmes sociaux tels que : enterrements, maladies, handicaps, grossesses précaires, enfants de la rue, inondation, érosion, accès à l'eau potable, la pauvreté, accès à l'électricité.
2. La dégradation en cours des conditions de vie humaines est susceptible d'entraîner une explosion sociale si l'on n'y prend garde ; nous sommes assis sur un volcan.
3. Notre combat exige le soulagement des peines des populations, pour susciter leur adhésion à nos objectifs communs afin d'en faire notre sens partagé de la « Marche vers le développement ».

Notre analyse :

1. La valeur d'un homme se mesure par la taille de ses œuvres pour l'humanité.
2. La situation sociale critique actuelle est due à l'absence d'initiatives d'accompagnement et de solidarité nécessaires à l'éradication des problèmes sociaux cités ci-dessus.
3. Malgré les efforts des autorités compétentes, les populations vivent toujours une solitude face à leurs problèmes sociaux.
4. Un prompt soulagement de leurs souffrances s'impose à la conscience collective.

- **Suggestions :**

1. Ancien servant de messe, membre du Lions Club International, Compagnon de Melvin Jones Fellow, la maxime qui fonde ma conviction est : « ce qu'un homme possède n'a de la valeur que si c'est utile pour les autres. »
2. Ma conviction altruiste est motivée par ma détermination à dorénavant adopter la « Réal-Politique » qui exige :

-Faire le travail de proximité pour le conditionnement social ;
-Faire du social mon cheval de bataille.
Ceci dans le but principal d'améliorer les conditions des vies humaines étant donné que la quête de la paix sociale et/ou de la paix tout court reste le véritable Challenge dans notre pays.
Le but secondaire est de poser des actes sociaux au bénéfice de l'humanité. Tout ceci pour converger in fine vers le développement économique et social de notre pays.
Consacrons des budgets colossaux pour l'éducation et la formation des enfants du Congo dans de bonnes écoles, car le tout premier POUVOIR que doit rechercher un Homme ou un pays qui aspire à de grandes ambitions est le SAVOIR, racine et sève nourrissante du développement économique.

Proposition X : Et si l'Afrique n'était qu'un seul pays ?
L'Afrique est un continent qui couvre 6% de la surface terrestre et 20% de la surface des terres émergées. Sa superficie est de 30.000.000 km² avec les îles. L'Afrique compte actuellement 54 pays indépendants mais que se passerait-il si tous ces pays s'unissaient aujourd'hui pour former un État africain uni ? À quoi ressembleraient les États d'Afrique unis et quelle serait la puissance de ces pays ?

Il faut savoir que l'Afrique est énorme et couvre près de 20 % de ce monde. Il fait environ trois fois la taille de l'ensemble de l'Europe. 1,2 milliard de personnes vivent actuellement en Afrique soit 16% de la population mondiale. L'Afrique connaît actuellement le plus grand boom démographique du monde, la population du continent a doublé depuis 1990. Selon les estimations officielles de l'ONU, le continent devrait dépasser les populations de l'Inde et de la Chine réunies en 2100. La population de l'Afrique devrait atteindre 4 milliards de personnes d'ici 70 ans. Il va représenter près de 39 % de la population mondiale. La population de l'Afrique est actuellement la plus jeune au monde avec un âge médian de 19,7 ans comparé à la moyenne mondiale estimée à 30,4 ans. Les taux d'alphabétisation sont également bas avec seulement 64% de la population considérée comme alphabète, mais cela varie de région en région. En Libye, par exemple, le taux d'alphabétisation est très élevé environ 84,2% alors que, au Soudan, il est très bas puisqu'il n'atteint que 27% seulement. Les taux d'infection par le VIH sur ce continent constitueraient également un défi majeur pour l'Afrique unie, car 11% de la population de l'Afrique subsaharienne est actuellement infectée par la maladie.

En plus de ces défis, les États africains sont également confrontés à l'extrême diversité du continent. L'Afrique est le continent le plus linguistiquement et ethniquement diversifié de la planète où l'on parle plus de 3.000 langues. L'Afrique est l'endroit le plus multilingue au monde où beaucoup parlent au moins deux langues africaines, des langues européennes également supplémentaires. Une situation similaire à l'Afrique du Sud où il y a 11 langues officielles. En Afrique du Nord, la langue officielle la plus utilisée est, bien sûr, l'Arabe et elle est parlée par au moins 70% de la population vivant dans cette région. Nous avons 20% de la population vivant en Afrique du Nord qui parle le berbère. Dans le pourcentage restant, on trouve l'anglais, le français et le portugais. Pour la religion, 47% de la population de cet État serait musulmane, 47 % serait chrétienne, 10% restera toujours dans les traditions africaines, 2 % serait athée ou sans religion.

Passons maintenant aux 10 plus grandes villes de cet État. La plus grosse ville serait sans doute le Caire avec une population estimée à 23 millions d'habitants et en deuxième place Lagos avec 22,9 millions d'habitants. Ensuite nous avons le Gauteng avec 13 millions, puis Kinshasa avec 12 millions, Niarobi avec 8 millions, Luanda 7,9 millions, Alger 7,8 millions d'habitants, Khartoum 7,3 millions, Ibadan 5,7 millions d'habitants, et en dixième place Dar es Salam 5,6 millions d'habitants.

En ce qui concerne la puissance militaire de cet État, c'est du lourd. L'État africain uni pourrait aligner près de 5 millions de soldats, pourrait avoir également 7 millions de réservistes. Mais, le côté matériel de la guerre, il ne faut pas trop attendre de voir quelque chose de nouveau. L'arsenal militaire de cet État serait principalement du matériel russe et quand même ça reste un pays très puissant qui ne pourrait pas être envahi. Avec cette puissance militaire, l'Afrique va certainement lancer une vaste opération de nationalisation et annulera le pacte signé avec la France et le Royaume uni. Aujourd'hui, beaucoup de pays africains continuent de payer un impôt colonial en France et cela malgré l'indépendance. 14 pays africains seraient obligés par la France à travers le pacte colonial de mettre 85%de leurs réserves à la Banque centrale de la France, à savoir : le Bénin, le Burkina Faso, la Guinée, la Guinée-Bissau, la Côte d'Ivoire, le Mali, le Niger, le Sénégal, le Togo, le Cameroun, la République Centrafricaine, le Tchad, la République du Congo, la Guinée Equatoriale et le Gabon. Enfin, la France ne leur permet d'accéder qu'à seulement 15% de leur argent par an. S'ils ont besoin de plus, les pays africains doivent emprunter.

En ce qui concerne les richesses naturelles de ce continent, il y a de quoi remplir les poches de tous les habitants de ce grand continent. En effet, l'Afrique détient 90% des ressources naturelles de platinium, 50% de ressources d'or, 50% de ressources de diamant et 33% de ressources d'uranium. Avec la mainmise sur toutes ces ressources naturelles et la nationalisation de tous les projets des pays étrangers pris de force en Afrique, ce continent aurait un PIB de 3000 milliards d'euros, ce qui le classerait comme 5e puissance économique dans le monde derrière l'Allemagne et devant le Royaume-Uni et la France.

VII. Conclusion

Au XXIe siècle, le sous-développement économique reste un défi à relever.
Paradoxalement, l'Afrique et les pays du Tiers-monde ont de vastes territoires, et riches en ressources naturelles (matières premières), ils baignent dans la pauvreté extrême.
Les 2/3 de la population sont gangrenés par l'illettrisme, ce qui exige la nécessité de l'éducation, de la formation, de l'adaptation aux TIC (Technologies de l'information et de la communication) pour un développement social et économique escompté.

Pour le développement de l'Afrique et du Tiers-monde, il y a la nécessité de promouvoir les valeurs de bonne gouvernance, d'éthique, de morale, de patriotisme, de sens du partage, « de sursaut d'orgueil, de gloire de la Nation, au détriment de la gloire d'une famille ou d'une ethnie. »
La révolution étant une évolution mal cadrée, le système éducatif légué par le colonisateur n'ayant pas donné les résultats escomptés, l'Afrique nécessite actuellement une révolution du système éducatif mieux adapté aux besoins de l'adéquation formation-emploi et des besoins du développement mental et de l'économie du savoir pour le développement.

Colin Clark a défini trois secteurs économiques qui sont le secteur primaire, secondaire et tertiaire, mais dans nos travaux de recherche, nous avons démontré qu'il existe un quatrième secteur économique que nous appelons le secteur de base c'est-à-dire le SAVOIR-racine et sève nourrissante de l'économie. Tout développement économique passe par la consécration des budgets colossaux pour l'éducation, la formation, la transmission des TIC, la bonne gouvernance, la volonté politique, la vision d'un leader, le patriotisme et le développement mental.

Si l'on considère un pays développé (Chine, Corée du Sud, Singapour, etc.) et le Congo et s'il était donné la possibilité d'emmener tous les Congolais et les faire habiter dans un pays développé (Chine, Corée du Sud, Singapour, etc.), et que toute la population du pays développé (Chine, Corée du Sud, Singapour) vienne habiter au Congo pendant une ou deux décennies, l'économie du Congo connaîtra un essor, une croissance, une émergence voire un développement en un temps record, tandis que l'économie du pays développé (Chine, Corée du Sud, Singapour) subira un écroulement économique spectaculaire pendant la même période : c'est l'illustration du développement mental des populations des pays développés (Chine, Corée du Sud, Singapour, etc.) et du sous-développement mental des Congolais.
A titre d'exemple, du point de vue territorial, le Japon a une superficie de 377.944 km², et le Congo a 342.000km². La population du Japon est de 127.000.000 d'habitants et tandis que celle du Congo est de 5.125.821 d'habitants.

Le sous-sol du Congo est naturellement plus riche que celui du Japon. Mais le développement spectaculaire du Congo par les Japonais est possible grâce au quatrième secteur de l'économie, au secteur de base, à la formation, le savoir, aux hommes intelligents et au développement mental.

Cependant, l'écroulement de l'économie japonaise (malgré l'état actuel de l'économie développé du Japon) serait dû au taux très élevé d'illettrisme des Congolais, au déficit en formation, au manque de savoir de la majorité des Congolais, au sous-développement mental des Congolais. De ce point de vue, nous soutenons que l'économiste écossais Colin Clark en évoquant les trois secteurs de l'économie (primaire, secondaire et tertiaire) avait raison, certes, mais de notre point de vue, le quatrième secteur de l'économie, le secteur zéro, le secteur du savoir, le secteur du développement mental et des T.I.C. reste la fondation ou la base du développement économique.

Par cet ouvrage, nous ouvrons le débat, aux chercheurs, à l'élite et aux intellectuels d'apporter leurs contributions.

BIBLIOGRAPHIE

Mohammed Tamim (2002), Le Spectre du tiers-monde, L'Harmattan

Jacques BRASSEUL (2008) Walt Whitman Rostow: The Stages of Economic Growth: A non-communist manifesto, 1960.

Introduction à l'économie du développement, éd. Armand Colin

Theodore William SCHULTZ (1971), *Investment in Human Capital*, AER

Mohammed TAMIM (2002), *Le Spectre du tiers-monde*, éd. L'Harmattan

W.W ROSTOW (1961), *Les étapes de la croissance économique*

Kitsoro Firmin C. KINZOUNZA (2016), *Le logiciel mental, facteur déterminant de l'émergence des pays africains.* éd. Cesbc Presses

Guy Roland TAHOLIEN (2018), *Les enjeux de l'édification d'un état développementiste au Congo.* éd ; Edilivre

Pébereau (2006), la dette de l'Etat, Perspectives Economiques en Afrique, DAD, OCDE, PNUD (2017), Compte rendu de la mission du FMI du 25 septembre au 04 octobre 2017 à Brazzaville.

Mémoire de Diane Peggy OKANI ONUO sur l'incidence de la qualité de la gouvernance sur la dette publique extérieure au Congo.

Ulrich Jeanin GANGA ZANDZOU, L'adoption de la monnaie dématérialisée au Congo Brazzaville : cas des paiements mobiles, Thèse de doctorat, Dakar, Sénégal. 2016

Notes et références

Rapport sur le développement humain 2010, La vraie richesse des nations : Les chemins du développement humain, *PNUD, 2010.*
http://www.lefigaro.fr/conjoncture/2016/05/18/20002-20160518ARTFIG00268-la-banque-mondiale-acte-la-disparition-de-la-notion-de-pays-en-developpement.php
Extrait du discours de Harry Truman sur le site Hérodote
Discours de Harry Truman (en anglais)
« L'empreinte écologique sur le site du WWF »
Actualité des objectifs du millénaire pour le développement
Indicateurs des objectifs du millénaire pour le développement
http://ucesif.org/ucesif/adoption-des-odd-pour-2030-par-lassemblee-generale-des-nations-unies/
https://www.universalis.fr/encyclopedie/education-les-systemes-scolaires-des-pays-developpes/
Theodore W. Schult: 1971, Investment in Human Capital: The role of education and of research

Documentaire sur internet :

DEVENIRINTELLO : Les atouts de l'Afrique pour le développement

Liens externes :

- Publications du département de la Recherche de l'Agence Française de Développement. Site des publications du département de la Recherche de l'AFD, proposant de nombreux ouvrages sur les pays en développement.
- Idées pour le développement. Blog de réflexion sur le développement, rédigé par des experts du domaine
- Gouvernance et développement au XXIe siècle : vue d'Afrique et d'Amérique latine — vidéo en

ligne d'une conférence de vingt-quatre universitaires africains, latino-américains, européens et québécois, en décembre 2005 à Montréal

- L'Institut de Recherche pour le développement (IRD)- Institut de recherche français. Il a pour mission de développer des projets scientifiques centrés sur les relations entre l'homme et son environnement dans la zone intertropicale

Structures éditoriales du groupe L'Harmattan

L'Harmattan Italie
Via degli Artisti, 15
10124 Torino
harmattan.italia@gmail.com

L'Harmattan Hongrie
Kossuth l. u. 14-16.
1053 Budapest
harmattan@harmattan.hu

L'Harmattan Sénégal
10 VDN en face Mermoz
BP 45034 Dakar-Fann
senharmattan@gmail.com

L'Harmattan Cameroun
TSINGA/FECAFOOT
BP 11486 Yaoundé
inkoukam@gmail.com

L'Harmattan Burkina Faso
Achille Somé – tengnule@hotmail.fr

L'Harmattan Guinée
Almamya, rue KA 028 OKB Agency
BP 3470 Conakry
harmattanguinee@yahoo.fr

L'Harmattan RDC
185, avenue Nyangwe
Commune de Lingwala – Kinshasa
matangilamusadila@yahoo.fr

L'Harmattan Congo
67, boulevard Denis-Sassou-N'Guesso
BP 2874 Brazzaville
harmattan.congo@yahoo.fr

L'Harmattan Mali
Sirakoro-Meguetana V31
Bamako
syllaka@yahoo.fr

L'Harmattan Togo
Djidjole – Lomé
Maison Amela
face EPP BATOME
ddamela@aol.com

L'Harmattan Côte d'Ivoire
Résidence Karl – Cité des Arts
Abidjan-Cocody
03 BP 1588 Abidjan
espace_harmattan.ci@hotmail.fr

L'Harmattan Algérie
22, rue Moulay-Mohamed
31000 Oran
info2@harmattan-algerie.com

L'Harmattan Maroc
5, rue Ferrane-Kouicha, Talaâ-Elkbira
Chrableyine, Fès-Médine
30000 Fès
harmattan.maroc@gmail.com

Nos librairies en France

Librairie internationale
16, rue des Écoles – 75005 Paris
librairie.internationale@harmattan.fr
01 40 46 79 11
www.librairieharmattan.com

Librairie l'Espace Harmattan
21 bis, rue des Écoles – 75005 Paris
librairie.espace@harmattan.fr
01 43 29 49 42

Lib. sciences humaines & histoire
21, rue des Écoles – 75005 Paris
librairie.sh@harmattan.fr
01 46 34 13 71
www.librairieharmattansh.com

Lib. Méditerranée & Moyen-Orient
7, rue des Carmes – 75005 Paris
librairie.mediterranee@harmattan.fr
01 43 29 71 15

Librairie Le Lucernaire
53, rue Notre-Dame-des-Champs – 75006 Paris
librairie@lucernaire.fr
01 42 22 67 13

www.ingramcontent.com/pod-product-compliance
Lightning Source LLC
LaVergne TN
LVHW010939061026
849535LV00007B/2488
* 9 7 8 2 3 4 3 2 1 0 3 2 2 *